고등소학독본

휘문의숙 편집부 편찬

김찬기

한경대학교 교수

주요 논저로 「근대계몽기 전(傳) 양식의 근대적 성격」, 「근대계몽기 몽유록의 양식적 변이상과 갱신의 두 시선」, 「단재와 국초의 자리」, 「〈한성신보〉 소재 전계 서사물의 역사적 성격」, 『한국 근대소설 형성과 전(傳)』 등이 있다.

한국개화기 국어교과서 9

고등소학독본(휘문의숙 편집부 편찬)

© 도서출판 경진, 2012

1판 1쇄 인쇄__2012년 08월 31일
1판 1쇄 발행__2012년 09월 10일

편역자__김찬기
발행인__양정섭
발행처__도서출판 경진
　　등　록__제2010-000004호
　　주　소__경기도 광명시 소하동 1272번지 우림필유 101-212
　　블로그__http://kyungjinmunhwa.tistory.com
　　이메일__mykorea01@naver.com
공급처__(주)글로벌콘텐츠출판그룹
　　대　표__홍정표
　　디자인__김미미
　　기획·마케팅__노경민 배소정 배정일
　　경영지원__안선영
　　주　소__서울특별시 강동구 길동 349-6 정일빌딩 401호
　　전　화__02-488-3280
　　팩　스__02-488-3281
　　홈페이지__http://www.gcbook.co.kr

값__22,000원
ISBN__978-89-5996-166-5 93370

【한국개화기 국어교과서】 9

김찬기 편역

고등소학독본

휘문의숙 편집부 편찬

도서출판 경진

• 일러두기

1. 이 총서는 『고등소학독본』(휘문의숙, 1906)을 저본으로 삼았다.
2. 이 총서는 현대역과 원문을 함께 실었다. 현대역을 통해 자료의 접근성을 높이는 한편, 원문을 참조 가능하게 함으로써 연구 자료로서의 가치를 최대한 보존하려는 이유에서이다.
3. 현대역은 현대 어법을 따르면서도, 원문의 의미와 형태를 손상시키지 않는 방향으로 작성하였다.
   1) '올시다', '이니라' 등 옛 문투는 '입니다', '이다' 등으로 수정하였다.
   2) 한글 표기를 위주로 하되 의미 파악에 필요한 경우 한자를 병기하였다. 한자 병기만으로 의미 파악이 어려운 경우 각주를 첨부하였다.
   3) 문맥을 이해하는 데 필요한 경우 문장의 주체나 대상 등을 ( ) 안에 표시하여 문장에 삽입하였다.
   4) 한자를 음차한 인명과 지명은 원문의 표기를 그대로 따랐다. 추정 가능한 것은 [ ]를 병기하여 현대의 발음을 적어 넣었다.
   5) 책명은 『 』, 작품명이나 편명은 「 」로 표시하였다.
   6) 방점 및 밑줄, 그리고 글자 반복 표시 등은 원문을 따랐다.
   7) 낙자, 오식 등은 교정하였고, 원문 파손이 심해 판독이 불가능하다고 판단되는 경우 이를 표시하였다.

발간사

  기원에 대한 천착은 '미약한 물줄기가 나중에 역사의 강물을 이루는' 놀라운 가능성을 경험할 수 있다는 점에서 학문하는 이들에게 늘 매력적이다. '개화기'라는 용어에는 응축된 사회 변혁의 의지와 함께 점증하는 외세가 만들어낸 시대의 수많은 변인들이 자리잡고 있다. 개화기는 자발적이고 주체적인 근대교육이 제도적으로 마련된 출발점이자 기원이었다.

  근대 교육의 도정은 내재적 개혁이었던 갑오개혁의 흐름 안에서 태동했다. 그러나 그 지향점은 급진적인만큼 주체적이나 외세로부터 자유롭지 못했던 갑오개혁의 한계와 고스란히 통한다. 갑오개혁에는 동학혁명에 따른 민중의 요구와 함께, 청일전쟁에서 승리한 일본의 입김이 작용했기 때문이다.

  이런 맥락에서 보면, 근대 교육의 장에서 국가적 전사회적 열망을 아우르는 중층성을 고려한 근대 국어교과서의 고증과 해석은 결코 쉬운 작업이 아니라고 단언할 수 있다. 이 시기 교과서의 체재와 기술은 한국 어문의 형성과 직결되어 있고, 교과서에 수록된 내용들은 근대 지(知)의 계몽과 '국민'이라는 주체 형성과 궤를 같이 한다.

그렇기 때문에 면밀한 고증은 자주 한정된 분야를 넘어 학제적 지식에 입각한 해석의 지평을 함께 열어야 하는 까다로움을 안고 있다. 그만큼 개화기 국어교과서에 담긴 근대 국어교육의 출발점이라는 역사적 함의는 크다. 여기에는 시대적 과제와 마주선 한 사회의 요구와 이상이 아로새겨져 있고, 근대국가 성립에 필요한 근대 지와 공통감각의 원천이 자리잡고 있다. 요컨대 교과서는 국가와 국민, 개인과 사회가 새롭게 재편되고 형성되는 구체적인 지표였던 셈이다.

이번에 기획·발간되는 '개화기 국어교과서 총서'는 모두 근대 국어교육의 실상을 파악하려는 '근대국어교과서모임'의 중간 결산에 해당하는 작업이다.『국민소학독본』에서『부유독습』에 이르는, 1895년부터 1910년 사이에 간행된 국어교과서와 독본류 14권은 오늘의 관점에서 보면 생경한 단어와 한자 표현 때문에 원문에 대한 접근 자체가 어려운 전대의 텍스트이다.

우리 모임은 개화기 이후 국어교과서를 함께 읽고 연구해온 지도 벌써 3년을 넘어서고 있다. 지난 2011년 봄, 우리 모임은 근대 국어교과서의 실상에 좀 더 쉽게 접근할 수 있도록 연구자와 일반 독자들에게 원문과 현대역으로 된 '개화기 국어교과서 총서'를 준비하기로 합의하였다.

2011년 여름방학부터 겨울방학에 이르는 기간 내내, 현대역을 위한 용어와 표현상의 통일을 위해 여러 번의 회의와 토론을 가졌다.

현대역이 된 원고의 내용은 상호 교차해서 교열하는 방식으로 원문의 오류와 해석상의 불투명성을 넘어서고자 했다. 거기에다 번역된 원고를 상호 교열하는 방식으로 해석상의 오류와 모호함에서 최대한 벗어나고자 하였다.

모쪼록, 이 총서가 국어교과서에 관심을 가진 모든 분들에게 값진 자료이자 안내서가 되기를 소망한다. 독자 여러분의 많은 관심과 질정을 바라며, 도서출판 경진 관계자 여러분께도 심심한 사의를 표한다.

2012년 가을 문턱에 편역자 일동

공리적 착상에 의한 발명과 '국민' 배양의 논리

김찬기

『고등소학독본』은 휘문의숙 편집부에서 편찬한 2권 2책의 중학교
용 국어교과서이다. 1906년 11월 30일에 권1을 편찬하고, 이어 다음
해인 1907년 1월 20일에 권2를 발행한다. 주지하다시피 이 시기 교
과서는 갑오경장 이후 '학부(學部)'에서 발행한 관찬 교과서와 각급
학교에서 자체적으로 편찬한 교과서, 그리고 개인 저작의 검인정 교
과서로 크게 대별되고 있었다.

『고등소학독본』 역시 이 시기 대개의 국어교과서가 가지는 전반
적 성격에서 벗어나지 않는다. 전체적으로 자립과 자강을 강조하여
독립 사상을 표나게 드러내거나, 과학적 지식을 전달하려는 교과 내
용이 구성되기도 하며, 초등소학독본류보다는 상대적으로 더 심도
있는 사회 교과적 성격의 교과 내용이 구성되기도 한다. 요컨대 1권
과 2권 공히 수신서적 성격이 뚜렷한 내용을 가진 글들로 각각(45과)
가 구성되면서 국민 배양과 자주 독립 사상을 고취하고 있다. 한편
각 과에서 드러나는 글의 서술 체제는 균일하지 않아서 전통적인 한
문 문체에서 보이는 양식적 특성이 드러나기도 하고, 이 시기 신문

잡지에서 흔히 보이는 논변 양식의 특성이 그대로 드러나기도 한다. 또한 조선 후기 한문 단편 양식의 특성이 보이기도 한다.

물론 글의 문체와 서술 방식과 별개로 그 내용은 대체로 국민과 국가주의를 고취하고 있었다. 수신서의 성격이 선명한 국어교과를 통해 애국 계몽의 기획을 전면적으로 부각시키고자 한 셈인 바, 국어교과서란 애국 계몽의 기제를 통해서 국가에 대한 집합적 의식, 곧 국가적 정체성이나 민족적 정체성을 확보하고자 하였던 것이다. 권1의 제1과 '국가'편에서 제8과 '독립'편을 편성한 이유가 바로 이와 같은 국가주의를 고취하기 위한 것으로 이해되는 이유도 여기에 있다. 말하자면, '독립', '애국', '충의'의 내용을 통해 '균질적인 의식을 갖는 국민'을 형성하고, 그 국민을 통해 집단 정체성을 형성하려는, 이 시기 계몽주의가 국어교과서에도 그대로 드러나고 있었다. 권2에서는 권1에 비해 국가주의적 교과 내용이 비교적 약화된 형태로 구성되기는 하지만, 여전히 자강과 자립에 토대한 애국주의와 국가 독립 사상은 전일하게 드러난다. 특히 권1과 권2 모두 '권징'의 내용이 선명하게 부각되는 글들이 족출하는데 이 역시 '국민화' 프로젝트의 핵심적 전략의 하나로 이해될 수 있다. 다만, 권1이 공자와 맹자와 같은 동양 고전의 인물을 소개하면서 '국민' 배양의 이데올로기를 충실하게 드러내고 있었던 것에 비해, 권2에서는 '태양의 흑점', '공기', '기체의 압력', '나침반' 등과 같은 과학 교과의 성격이 뚜렷한 지식을 전달하는 내용들이 다수 구성된다.

한편, 『고등소학독본』의 문체는 국한문체로 되어 있지만, 광무 연간의 저작물에서 흔히 보이는 문체적 혼란은 비교적 잘 극복된 것으로 사료된다. 요컨대 여전히 한문 전통의 영향에서 완전히 벗어난 것은 아니지만 전체적으로는 한문 문장이 구절 단위로 분리되거나 한문은 주로 단어의 형태로만 사용되어 국주한종체(國主漢從體) 문장이 비교적 일관되게 드러나는 국한문체 유형이라 보아도 무방하다. 말하자면 국문의 통사 구조가 한문의 통사구조보다 더 월등하다는 것이다. 이 시기, 국문화의 정도가 비교적 선명한『소년』의 문체와 비교해서도 손색이 없는 국한문체로 볼 수도 있다.

결국『고등소학독본』에서 드러나는 '자강', '자립', '국민' 배양의 논리는 이 시기 국가주의를 견인하기 위한 장치인 바,『고등소학독본』의 진전된 국한문체 역시 엄밀하게는 '공리적 착상에 의한 발명'의 하나인 셈이었다.

해설: 공리적 착상에 의한 발명과 '국민' 배양의 논리 ------- 8

고등소학독본 권1 ------ 15

고등소학독본 권2 ──── 75

고등소학독본 원전

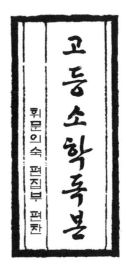

고등소학독본

휘문의숙 편집부 편찬

권1

제1과 국가

국가는 토지와 인민으로써 성립한 것이니 단지 토지만 있고 인민[1]이 없으면 국가라 부르기 어려우며, 인민만 있고 토지가 없어도 또한 국가라 칭하기 어려우니 토지와 국민이 모두 존재한 연후에야 비로소 국가라 부를 수 있다. 그리하여 국가의 체제는 군주국[2] 체나 공화국[3] 체나 무엇에 의하든지 그 통치 주권의 아래에 반드시 정부를 설립하고 법률을 제정하여 상하 질서가 정연하고 문란하지 않아야 완전한 국가의 지위를 차지한다. 이런 고로 토지와 인민이 다 존재할지라도 일정한 법률이 없으면 이는 물과 초원을 따라 이동하면서 상주하지 않는 일개 야만부락에 불과한 것이다. 어찌 국가의 명칭을 얻으리오.

---

1) 국가나 사회를 구성하고 있는 사람들. 대체로 지배자에 대한 피지배자를 이른다.
2) 주권이 군주에게 있는 국가 체제.
3) 주권이 국민에게 있는 국가 체제.

제2과 인민

　우리는 이 국토에 태어났으니 국민된 권리와 의무를 잃지 말아야 한다. 대개 국민이 국가에 대하여 그 법률에 복종함은 첫 번째 의무이나 특히 독립의 정신을 뇌수에 관철하여 각기 국가의 사업을 두 어깨에 떠맡을지니 이 책임으로 인하여 납세와 병역의 의무가 존재한다. 평상시에는 어떠한 생업을 영위하든지 국가에 조세의 납부를 게을리 하지 말아야 한다. 더불어 국난을 당해서는 무기를 메고 싸움터로 달려 나아가 포탄을 무릅쓰고 국치를 설욕하고, 외부로부터의 모욕을 막아내는 것이 국민의 당연한 의무이다. 비록 그러하나 우리의 신분에 각각 귀중한 자유와 권리를 소유함은 신앙·언론·저술·집회·결사·재산 등이니 이는 마땅히 사람마다 보유하여 그 생존상에 자유의 행복을 함유함이 국민의 고유한 공권4)이라 이른다.

---

4) 공법의 규정에 따라 국가와 법인체나 개인 사이에서 인정되는 권리로 국가가 개인에 대하여 가지는 국가적 공권(형벌권, 재정권, 경찰권 등)과 개인이 국가에 대하여 가지는 개인적 공권(자유권, 참정권, 수익권 등)이 있다.

제3과 대한[5]

우리 대한은 아시아 대륙의 동쪽에 위치해 있다. 사천여 년 전에 단군이 나라를 세우고 왕검성[6]에 도읍을 정하였다. 후에 자손이 쇠미[7]함에 은나라 태자[8] 기자[9]가 동쪽에서 와서 단씨 왕가를 대신하여 왕이 됨에 8조의 교령을 설치하고[10] 예의의 교화를 펼침으로써 인문[11]이 비로서 열렸다. 그 후에 삼한과 삼국, 그리고 고려를 지나 우리 태조고 황제[12]가 조선을 개국하여 공맹의 가르침을 존숭하여 문화를 크게 여시고 성신이 계승하시어 전장[13]을

---

5) 대한'제국'과 대한'민국'을 모두 포괄하는 개념.
6) 지금의 평양 일대.
7) 쇠잔하고 미약함.
8) 중국 주나라 때의 벼슬. 태부, 태보와 더불어 삼공의 하나였다.
9) 고조선 때에 있었다고 하는 전설상의 기자 조선의 시조(始祖).
10) 고조선 시대에 제정된 '8조 법금'으로 이해된다.
11) 인류의 질서.
12) 태조 이성계.

크게 갖추시니 풍화14)의 문명이 동방에 으뜸이었다.

국체는 군주의 전제15)로 성립하나 실제는 입헌의 제도16)를 쓰신 까닭으로 군주는 주권을 총람17)하시고 정부에 책임을 맡기어 정치를 행하시며, 국민에게도 여론의 권리를 부여하여 국가정치에 참여하게 하였다. 근대에 이르러서는 문약18)의 폐단으로 말미암아 국력이 떨쳐 일어나지 못함에 이르렀다. 우리는 선왕의 유택19)을 잊지 말고 조국의 정신을 분발하여 배움을 나날이 닦고 지혜를 더 연마하여 독립의 국권을 바로잡아 회복할 노력을 할지어다.

---

13) 제도와 문물.
14) 풍교(風敎)와 같은 말로써 교육이나 정치의 힘으로 풍속을 교화하는 일.
15) 나라의 모든 권력을 군주가 쥐고, 군주의 뜻에 따라 정치를 하는 전제군주정체 제도를 이른다.
16) 법을 세워 정치를 행하는 제도를 일컫지만 근대적 의미의 입헌 군주제와는 차이가 있다.
17) 총괄하여 관할함.
18) 글만 받들고 실천과는 떨어져 나약함.
19) 후세까지 남아 있는 은혜.

제4과 애국심

무릇 우리 학생이여! 한 집안은 개인 가족의 집합이요, 한 나라는 전체 가족이 모여 이루어진 것이다. 그러므로 나라를 사랑함은 자기 가족의 부모와 형제와 자매를 사랑하는 것이요, 자기의 몸을 사랑함이니 사람마다 각기 자애심을 따라 그 집안을 사랑하면, 그 나라를 사랑하는 마음이 생겨난다. 이 애국의 마음이 확고히 단결한 즉 그 나라는 반드시 강성함으로 학생이 학교에 들어가 지식을 연마하며 덕업을 닦음은 훗날 국가에 유용한 인재가 되어 애국심을 펼쳐 일으키고자 함이다. 만약 국민된 자가 애국심이 결여되어 몹시 게으르고 제멋대로 놀아서 자기 자신을 스스로 방기하면 그 나라는 쇠약하여 다른 사람의 모욕을 반드시 받을 것이다. 이러한 부류는 모두 자신을 사랑하지 않음으로 자기 나라의 사랑을 알지 못함이다. 학생은 가장 애국심을 선양할지어다.

제5과 애국심(속)

우리 대한의 국가는 우리 이천만 국민의 종국이다. 우리의 선조로부터 우리 몸에 이르도록 이 땅에 태어나며, 이 땅에서 자라며, 이 땅에서 늙어서 분묘도 이 땅에 있으며, 가정도 이 땅에 있으니 이 땅은 사천 년 동안 전래하는 조상의 고향이다. 이 몸은 오백 년 동안 함양한 조상의 은택20)이다. 열조열종21)이 심은후덕22)으로써 국민을 배양함에 우리 조상이 충성을 다하며, 힘을 다하여 국난을 막으며, 종사23)를 보호하여 훈업24)을 자손에게 전하였으니 자손된 자가 그 유업25)을 한층 더 발휘하여 빛나는 명예로 조상을 드러나게 하고, 공업26)으로 국가를 빛나게 할지어다. 또한 가유27)를 자손만대에 전하여 우리가 모범이 되게 함이 우리들의 의무이다. 무릇

---

20) 은혜와 덕택을 아울러 이르는 말.
21) 큰 공훈과 업적이 있는 조상.
22) 깊은 은혜와 두터운 덕이라는 뜻으로, 백성을 위하는 임금의 마음가짐을 비유적으로 이르는 말.
23) 종묘와 사직이라는 뜻으로, '나라'를 이르는 말.
24) 큰 공로가 있는 사업.
25) 선대부터 이어온 사업.
26) 훈업과 동의어로 큰 공로가 있는 사업.
27) 아름다운 공적.

우리 학생은 마땅히 애국의 마음을 탄갈28)할지어다.

---

28) 마음이나 힘을 남김없이 다 쏟음.

제6과 애국의 실질

　사람이 자기 스스로를 일컬어 '내가 애국하는 자이다'고 이르면, 이는 빈 말로 애국하는 것이오, 실제로 애국의 정성 있는 자가 아니다. 대개 애국의 정성이 있는 자는 자신의 학문을 면려29)하며, 자신의 지식을 확충하며, 자신의 의지를 확립하며, 자신의 신체를 건강히 하고, 외국의 언어와 문자를 배우되 반드시 자국의 정신을 배양하며, 자국의 문자를 귀중히 하고, 농업과 공업과 상업의 실업30)을 연구하여 토지의 유리31)가 없게 하며, 생산품의 버려지는 재료를 적게 할지어다. 그밖에 국민된 의무로써 맡은 일을 온 몸을 다해 자임하여야만 나라의 생산물이 날로 더욱 늘어나며, 국권이 나날이 진흥하며, 국토가 나날이 널리 개척되어야 국가의 영예를 세계에 빛나게 함을 노력할 지어다. 이렇게 하면 국민의 천직을 저버리지 않는 것이다. 오호라! 우리 대한의 독립 국권을 공고히 하여 열강과 어깨를 나란히 함이 오늘 모든 청년의 신상에 담임32)하였으니 부지런히 힘쓸 지어다. 애국의 실질을 위해 부지런히 일할 지어다.

---

29) 스스로 애써 노력하거나 힘씀.
30) 농업, 상업, 공업, 수산업과 같은 생산 경제에 관한 사업.
31) 빠뜨려지는 이익.
32) 책임지고 맡아봄.

제7과 충의

나라에 충의의 국민이 많으면 그 나라가 강하니 신하가 되어 국록을 먹고 직임[33]이 있는 자는 국난에 직면해서는 몸을 아끼지 말아야 하며, 탕화[34]를 회피하지 말아야 하고, 충성을 다하여 죽음을 본받음은 진실로 신하의 당연한 분의[35]어니와 비록 직임이 없는 자라도 자기 땅에 태어나 그 땅의 곡식을 먹을 진대 국가를 지키는 국민의 책임이 우리에게 맡겨져 있거늘 자기 나라를 능히 독립치 못하고 타인의 기반[36]을 감수하면 무슨 얼굴로써 세계에 서리오. 천하의 수치가 이에서 더 함이 없나니 이는 불충불의의 백성이라 이를 터이다. 그러므로 국민된 자는 마땅이 충의를 숭상하여 투생[37]을 수치로 삼고 감사[38]를 영예로 삼아 애국의 정성을 수유[39]도 게을리 하지 말아야 한다.

---

33) 직무상 맡은 임무.
34) 끓는 물과 타는 불.
35) 마땅한 도리.
36) 굴레.
37) 생명을 아낌. 죽어 마땅할 때에 죽지 않고 욕되게 살기를 탐냄.
38) 생명을 아끼지 아니함. 결사(決死).
39) 잠시.

제8과 독립

태서[40] 인사의 유명한 말에 이르기를 자조[41]를 소중하게 여긴다 하니, 무릇 많은 사람을 사랑하는 자는 능히 타인을 돕고, 독립하는 자는 능히 자기의 발전을 위하여 스스로 애를 쓴다. 사람이 세상에 태어나서 타인을 도울 마음이 없을 수 없으나 만약 타인을 의뢰할 마음이 버릇이 되면 비록 심사[42]와 재력[43]이 있는 자라도 능히 자용[44]치 못하고, 자용하더라도 능히 다 쓰지 못한다. 이런 버릇이 오래된다면 심사와 재력이 완둔[45]에 점점 가까워져 무엇보다 나태하고 쓸모없는 인간이 된다. 그러므로 국민의 의뢰심이 큰 나라는 위약하여 독립의 사상이 결핍된다. 이전에 우리나라는 의뢰심이 고질이 되어 나라의 위약함이 이에 이르렀다. 아아! 청년 학생은 의지와 기개를 분려[46]하여 개개인이 독립의 정신을 뇌수에 관철[47]하고 자조의 사상을 잠시도 잊지 말아야 한다.

---

40) '서양'을 예스럽게 이르는 말.
41) 자기의 발전을 위하여 스스로 애씀.
42) 어떤 일에 대한 여러 가지 마음의 작용.
43) 재주와 능력.
44) 자기가 직접 씀. 또는 그런 씀씀이.
45) 고루하고 둔함.
46) 기운을 내어 힘씀.
47) 어려움을 뚫고 나아가 목적을 기어이 이룸.

제9과 가족의 사랑

한 집의 부모와 형제와 자매는 지극히 밀접한 관계가 있는 육친이다. 같은 집에 서로 처하며, 같은 집에서 함께 먹으니 천연적으로 취합48)한 윤이49)와 지정50)이 있으니 그 자애51)와 친목52)한 마음을 어찌 타인에 가히 견주리오. 하물며 부자의 은혜와 사랑은 한가한 논의를 기다릴 것 없다. 형제자매에 이르러서는 동기53)의 친함이 있는바, 마땅히 서로 사랑하고 서로 도와 감고54)를 함께 하며 노일55)을 서로 나눌지어다. 만약 분루56)를 내어 불화의 감정이 있으면 외인의 모욕을 반드시 불러서 그 손해가 가족에 미칠지니 어찌 부끄러운 일이 아니리오.

---

48) 모여서 합침.
49) 사람으로서 항상 지켜야 할 도리.
50) 지극히 두터운 정분.
51) 아랫사람에게 베푸는 도타운 사랑.
52) 서로 친하여 화목함.
53) 형제와 자매, 남매를 통틀어 이르는 말.
54) 즐거움과 괴로움을 비유적으로 이르는 말.
55) 수고로이 애를 씀과 편안함을 누림.
56) 화를 내고 사나워짐.

제10과 지혜로운 새

서양에 한 종류의 새가 있으니 몸은 극히 야위고 작으나 타고난 성질은 매우 영리하였다. 하루는 갈증으로 인하여 물을 찾았으나 얻을 곳이 없었다. 갑자기 보니 맑은 물 한 병이 유리병 속에 있으되 병의 입구가 매우 좁고 새의 부리는 극히 짧아 능히 마실 수가 없었다. 새가 처음에는 쪼아서 흔들고자 하였으나 그 병이 단단히 흔들리지 아니하여 어찌할 수 없었다. 또한 병을 기울여 물을 끌어대고자 하였으나 힘이 없어 능히 할 수 없었다. 다만 병 앞에서 배회하며 이리저리 생각해 봐도 해결할 방법이 없었다. 홀연히 한 계책을 생각해 내었다. 모래와 돌을 물어와 병 속에 넣으니 물이 자연히 넘쳐 흘러 나와 물을 마실 수 있었다. 이 새는 지혜로운 새라 이를 수 있다. 사람이 배움에 힘써 강구함을 게을리 하지 아니하면 지혜와 식견의 깨달음을 얻음이 또한 이 새와 같아진다.

제11과 일찍 일어나고 일찍 잠자기

해가 뜨면 일하고, 해가 지면 쉬는 것이 사람의 마땅한 소임이다. 지금 성 안의 사람들은 따뜻하고 두터운 방에서 해가 높이 떠도 아직 일어나지 않되, 농가에서는 이때에 이미 들에 나와 노래를 부르고 즐거이 웃으며 밭두둑을 간다. 또한 성 안의 사람들은 밤이 깊도록 술집에서 놀면서 정신을 피폐케 하며 마음을 방자하게 굴되, 농가에는 이때에 평안이 잠든지 이미 오래 되었다. 그러므로 성 안의 사람들은 오래 사는 사람이 드물고 요절한 사람이 많으며, 향촌의 사람들은 건강한 사람들이 많고 허약한 사람이 적음은 다름이 아니다. 향촌의 사람들은 일찍 자고 일찍 일어나 능히 햇빛의 맑은 기운을 많이 얻은 연유이다. 대개 햇빛의 맑은 기운은 몸을 건강하게 하는 최고의 요소이다.

제12과 스승에 대한 순종

학생이 학교에 재학하여 스승의 지시와 가르침에 복종하는 것으로써 가장 중요한 뜻을 삼는다. 마땅히 생각건대, 우리의 부모가 우리를 가르치고 타이를 겨를이 없음으로 우리를 학교에 보내어 스승을 따르게 하였으니 스승은 곧 부모의 임무를 대신하는 자이다. 부모의 명을 거스르지 못하거늘 스승의 명을 어찌 어기리오. 대저 부모는 그 자식을 사랑하지 않음이 없으며, 스승은 그 학생을 사랑하지 않음이 또한 없다. 그러므로 우리가 선행을 하면 스승이 반드시 기뻐하며, 우리가 허물이 있으면 스승 또한 걱정을 한다. 무릇 선행도 우리의 선행이요, 허물도 또한 우리의 허물이다. 스승에게 어찌 관계가 있으리오. 스승이 기뻐하며 근심하는 것은 진실로 우리를 사랑함이니 학생은 능히 이로써 항상 마음에 새겨두고 잊지 아니하면 스승의 명을 어김이 없을 것이다.

제13과 시간

무릇 백년의 세월이 극구[57]와 같다 함은 우리들이 항상 말하는 바이다. 그러므로 아주 짧은 시간도 헛되이 버리면 다시 오기 어렵다. 하물며 청년 학생은 수업을 함에 있어서 있어 일정한 시간이 있은 즉 잠시라도 시간을 잃으면 학업에 방해됨이 어찌 적으리오. 옛 사람이 말하되 시간의 귀중함은 금전보다 더하다 하니 금전은 낭비하더라도 얻을 방법이 있지만, 시간은 헛되이 쓰면 다시 얻기 어려우니 그 중요함이 어찌 금전에 비하리오. 대우[58]는 성인이라도 얼마 안 되는 시간도 아까워하였으니 우리들은 마땅히 촌음보다 더 짧은 시간이라도 서로 아끼어야 할 것이다.

---

57) 달리는 말을 문틈으로 본다는 뜻으로, 세월이 빨리 지나감을 이르는 말.
58) 중국 고대의 성왕(聖王)인 '우왕'을 높여 이르는 말.

제14과 부지런히 독서하기

독서에 게으른 사람은 선생과의 약속을 꺼리어 서당을 보되 몹시 험준한 길과 같은 것으로 본다. 그러므로 배움을 게을리 하며, 혹은 한가함을 탐하여 속이는 일을 항상 도모하다가 성년에 이르러서는 과거에 읽고 지나친 책 속의 문의[59]만 망연히 알지 못할 뿐만 아니라, 심히 한 글자도 알지 못함에 이른다. 이때를 당하여 참회해 본들 무슨 유익이 있으리오. 옛말에 이르되, "젊고 혈기가 왕성한 때에 노력하지 아니하면, 나이가 들어서는 다만 슬퍼 마음만 아프다." 하였다. 그러므로 독서의 방법은 지금 있는 이 시기를 놓치지 않음에 있다. 세월이 물과 같지 흘러감을 깨닫지 못하고, 오늘과 내일로 미루는 것만을 일삼다가 하루아침에 가정을 가져서 생계를 꾸려나가야 하는 경우에 도달하면 평생 동안 글자를 알지 못함으로 인한 어려움을 면치 못할 것이다. 청년은 마땅히 앞날을 깊이 헤아려서 힘쓰고 힘쓸 지어다.

---

59) 글의 뜻.

제15과 까마귀가 허약한 양을 업신여기다

천하에 강한 사람은 타인이 감히 업신여기지 못하고, 허약한 사람은 타인의 속임과 업신여김을 받나니 어찌 사람만 그러하리오. 동물도 또한 같으니, 옛날에 까마귀가 있어서 양을 보고 우롱하되, 양이 말하였다.

"네가 어찌 내 몸을 가지고 장난감을 삼느뇨? 이는 나의 허약함을 조롱함이다. 가령 내가 큰 개라면 네가 감히 희롱치 못하리라."

까마귀가 말하였다.

"내가 네 본성이 유약함을 아는 연유로 희롱하노라. 만약 네 마음이 강하면 내가 어찌 감히 이와 같으리오."

오호라! 지금 경쟁하는 시대에 처하여 자강의 힘이 없으면 양이 까마귀에 모욕을 받음과 같지 아니한 자가 드물 것이다.

제16과 세계의 인종

　세계의 사람의 종류가 각기 달라서 유럽에 살고 있는 사람은 백인 종이 많고, 미국의 원주민은 원래 홍인종이오, 아프리카의 원주민은 흑인종이다. 또한 남양의 각 섬에는 회색 인종이 흩어져 살고, 아시아에 살고 있는 사람들은 황인종이 많다. 현재 홍인종과 흑인종, 회색 인종 등은 미개한 종족인 까닭으로 토지를 잃고 몸 둘 땅이 없어서 정처 없이 떠돌면서 바쁘게 달아나니 타인의 노예를 면치 못하였다. 아아! 홍인종·흑인종·회색 인종도 지식을 계발하고 실력을 양성하여 인민의 단합력으로써 그 국토를 보유하였으면 세계에 나란히 서서 족히 열강에 대항하겠거늘 사리에 어둡고 완고한 채 집착하여 지키기만 하여 국민의 책임을 포기함으로써 종족이 모두 망하여 없어지는 슬픈 지경에 떨어졌으니 이 어찌 감계할 바가 아니리오.

제17과 푸른 파리가 먹을 토하다

무릇 학자는 실행에 힘쓰고, 허문[60]을 숭상하지 말아야 한다. 일찍이 보니, 파리떼가 창문 위에 날아와 모여들었다. 잠시 또 한 푸른 파리가 밖으로부터 따라 들어와 파리떼가 한가한 이야기를 하는 것을 보고는 욕하여 말하였다.

"너희들이 배불리 먹고 종일 한담으로 종사하니 이는 마음을 쓰는 바가 없는 것이다."

파리떼가 말하였다.

"너는 무슨 사업을 하기로 도리어 우리들을 꾸짖나뇨?"

저 푸른 파리가 말하였다.

"나는 지금 학당으로부터 나왔으니 어찌 사업을 행함이 없다 하리오."

이에 먹즙 한 방울을 토해내어 증거로 삼았다. 파리떼가 웃어 말하였다.

"네가 비록 학당으로부터 따라 나왔으나 무엇을 배운 바가 있으리오. 내 들으니 옛날의 학자는 몸소 실천하여 마음 깊이 깨달아서

---

60) 실속이 없이 겉만 꾸민 글.

간직하고 주의함을 귀히 여기지 부리 위에 먹즙을 토하는 것으로써 실학이라 일컫는 것을 듣지 못했노라.”

저 푸른 파리가 참회하고 물러나더라. 학업을 성심으로 닦지 아니하는 사람은 모두 먹즙을 토하는 파리와 같은 부류이노라.

제18과 그릇을 만듦

한 박사가 이르기를 "아이는 철과 같으니, 무릇 철은 처음에는 가치가 많지 않으나 제련을 할수록 가격이 점점 증가한다. 가령 평범한 철조각 하나는 대략 오원의 가치가 되지만 말굽의 철을 만들면 20원의 가치가 된다. 또한 제련하여 칼끝을 만들면 350원에 값한다. 또한 바늘을 만들면 3,000원에 값하고, 더 나아가 시표61) 내의 법규를 만들면 가히 25,000원의 값에 달한다. 철은 동일한데 그 가치는 제련함으로 말미암아 높아진다. 그러므로 아이가 처음에는 놀고 지내다가 학업으로 말미암아 날로 이름이 높아지면 마지막에는 위로 임금을 극진히 섬기고, 아래로는 백성을 윤택하게 하여 이름을 드날리고 부모를 현양케 할 것이다. 마땅히 아이는 학교로 사람을 단련하는 큰 화로로 삼고, 자신은 제련되지 않은 철조각으로 인식하여 덕을 쌓고 그릇이 되기를 부지런히 힘쓸지어다.

---

61) 시와 시, 시와 군 사이의 경계.

제19과 벗을 가려서 사귐

한 벗이 있어서 들풀 한 움큼을 가지고 왔다. 그 향내가 집안에 가득하였다. 주인이 물었다.

"풀의 기이한 향내가 이와 같으니 그 이름이 무엇이라 이르며 어떤 땅에서 자라는 것이뇨?"

객이 웃으며 대답하였다.

"이는 본래 야외의 잡초로 향내가 없는 것인데 난초와 더불어 한 병에 같이 놓으니 이에 이르렀나이다."

주인이 이에 탄식하여 말하였다.

"사람이 사람으로 더불어 사귐에 착한 사람을 가리어 교유하면 날로 그 본받을 만한 좋은 말을 듣고, 날로 그 선행을 보고 자연히 그 덕성을 본받아 감화될 것이다. 악인으로 더불어 사귀면 그 불선에 점점 오염됨이 또한 이와 같을 것이다."

그러므로 사람의 사귐의 도를 어찌 가히 삼가지 아니하리오.

제20과 사민[62]

　사민은 사·농·공·상을 일컫는다. 대개 천하의 푸른 수풀처럼 무성한 사람들이 가진 직업이 비록 수천 수백 종이 있지만 모두 이 사민에서 벗어날 수 없다. 선비가 된 사람은 학문으로써 도덕과 지식을 수련하여 정치를 도와서 모자라는 것을 채우고 후생[63]을 계도하고, 농민이 된 사람은 토지의 경작에 종사하여 그 산물로써 보통의 의식을 제공케 하고, 공업에 종사하는 사람은 교묘한 재주로써 물품을 제조하여 사람들의 수용[64]에 따르게 하고, 상인이 된 사람은 무역에 종사하여 물품과 재화를 실어 날라 양쪽이 있는 것과 없는 것을 서로 막힘이 없이 트이게 하는 사람이다. 이 사민의 구분은 비록 다르나 그 실상은 서로 돕는 것이다. 그러므로 국가에 하나라도 빠질 수 없는 것이다.

---

62) 사(士)·농(農)·공(工)·상(商) 네 가지 신분이나 계급의 백성.
63) 뒤에 태어나거나 뒤에 생김. 또는 그런 사람.
64) 사물을 꼭 써야 할 곳에 씀. 또는 그 일이나 물건.

제21과 이치를 밝히다

　세상 사람들이 이치에 밝지 못한 것은 귀로 항상 듣지 못한 것과 눈에 항상 보지 못한 것은 반드시 귀괴65)의 소치로 인식하여 단연코 믿지 아니하기 때문이다. 천둥은 번개가 소리를 내는 것임을 알지 못하는 사람은 천둥을 맡고 있는 신이 북을 치는 것이라 이른다. 일식은 달빛이 해를 가리는 것임을 알지 못하는 사람은 천구66)가 씹어서 삼키는 것이라 이른다. 시험하여 묻건대, 오늘날 화차와 화륜선은 인력을 쓰지 않고 빨리 달리는 것이 나는 것과 같으니 또한 한 기물이다. 그러한 즉 이도 또한 귀괴가 만든 것이라 이를 것이다. 무릇 사람이 현명67)을 버리고 귀괴를 믿으면 점점 더 유암68)에 들어가 마음이 겁을 잘 내고, 의지와 기개가 어지럽혀져 천하의 일을 능히 하지 못할 것이다. 독서하는 사람은 격물69)의 공부에 주의할지어다.

---

65) 괴이함.
66) 재해(災害)의 징조로 나타난다고 하는 별. 유성의 한 가지.
67) 어질고 슬기로워 사리에 밝음.
68) 그윽하고 어둠침침함.
69) 사물의 이치를 연구함.

제22과 어두운 집

옛사람 중에 한 스승이 있었는데 그 문하에 두 학생이 있었다. 어느 날 밤에 스승이 은전 두 매를 두 학생에게 나누어 주고 말하였다.

"내가 오늘 너희에게 주는 은전은 가치는 많지 않으나 너희는 이 은전을 나누어 가지고 빨리 시장에 가서 너희의 뜻에 따라 어떤 물건이든지 사와서 이 서실을 가득 차게 하라."

두 학생이 응낙을 하고 나가니, 얼마 지나지 않아서 한 학생이 그 은전을 다 주고 도초70)를 구매하여 그 스승에게 돌아와 알리었다.

"만일 허락하신다면 이 집을 가득 채우겠나이다."

스승이 말하였다.

"집은 가득 채울지나 그 어두움은 다시 심하니 어찌하리오."

또 한 학생은 그 은전의 삼분의 일을 주고 초를 사와 그 방 가운데 피워 놓고 그 스승에게 아리었다.

"이 집을 채웠나이다."

스승이 말하였다.

"잘 했구나. 네가 빛으로 이 집을 채운 것은 총명함의 한 단서이

---

70) 벼와 풀.

다."

이로써 가히 지혜와 어리석음의 구별을 볼 수 있을 지어다.

제23과 속이는 것을 경계하다

옛날에 한 목동이 있었는데 품성이 경박해서 속이는 말을 잘했다. 하루는 갑자기 이리가 온다는 소리를 치니 모든 목동이 소리를 듣고 다 와서 서로 도우려 하거늘 저 목동이 발돋움을 하고 서서 손뼉을 치며 웃으며 말하였다.

"너희는 속이기 쉽도다."

모든 목동이 그 속이는 말에 속은 줄을 알고 떠들썩하게 소리를 내며 흩어졌다. 얼마 지나지 않아서 이리가 과연 오는 것을 보고 또 전과 같이 소리를 쳤지만 모든 목동이 그것이 속이는 말인 줄로 여기고 한 사람도 가지 않았다. 이에 이리가 양을 잡아서 가버렸다. 대개 광언71)을 징계하지 아니하여 습관이 되면 자연히 폐가 자신에게 미친다. 그러므로 사람을 대하여서는 마땅히 신언72)하기를 주의할지어다.

---

71) 상식을 벗어나 미친 듯이 말함. 또는 그런 말.
72) 믿음성이 있는 진실한 말.

제24과 작은 쥐와 늙은 개구리

한 작은 쥐가 있어서 하루는 큰 강의 곁에서 쉬다가 물을 건너고 자 하였다. 한 교활한 늙은 개구리가 쥐에게 말하였다.

"내가 너를 업고 물을 건너면 어떻겠느냐?"

쥐가 기쁘게 따르되 개구리가 질긴 끈 하나를 자기 허리에 매고 끈의 한 끝은 쥐의 앞발에 매고 쥐를 등에 업고 물에 뛰어 들었다. 물의 가운데에 이르러서 개구리가 갑자기 머리로 수면을 뚫고 물 속 으로 들어가니 등 위의 쥐도 수면 아래로 떨어져 들어갔다. 이에 작 은 쥐가 크게 불러서 말하였다.

"개구리 친구야! 네가 나를 물에 빠져 죽게 하려느냐?"

개구리가 대답하여 말하였다.

"내가 너를 잘못하게 함이 아니라 너의 어리석음이 네 몸을 스스 로 해친 것이다. 너는 내가 진심으로 너를 건너게 해주려 하는 줄 믿었단 말이냐?"

쥐가 애처로이 고백하여도 소용이 없음을 스스로 알고 생각하기 를 "차라리 입을 다물고 죽음을 맞이하리라" 하였다.

마침 공중으로 학 한 마리가 날아오르다가 작은 쥐가 물 위에 떠 올랐다 물속에 잠겼다 하는 것을 보고 드디어 아래로 쥐를 부리로

쪼아서 새집에 끌고 가니 개구리도 쥐 발에 매달려 함께 끌려갔다. 개구리가 이에 두려워 떨면서 대하여 말하였다.

"나의 속이는 술책이 나를 결박하였도다! 내가 작은 쥐를 물에 빠뜨려 죽이려 하다가 도리어 스스로 도끼를 준 격이로다."

학이 웃으며 말하였다.

"내가 너의 교활하고 추악한 모략을 갚으리로다."

이에 그 부리를 크게 벌려 개구리를 삼키어 먹었다. 이는 남을 해치려다가 스스로를 해친 자를 경계하고자 한 것이다.

제25과 때에 맞게 하라

　무릇 배움의 공73)은 일용74)의 바깥에서 나오지 아니한다. 자신을 단속해서 말을 삼가고, 행동을 삼가며, 집에 머물러 살면서는 부모를 섬기고, 어른을 공경한다. 독서를 해서 이치를 구하고, 뜻을 탐구하여 지극히 가깝고 지극히 쉬워도 마땅히 힘쓸 것이다. 매우 간절하고 지극히 급하더라도 마땅히 마음이나 힘을 써야 한다. 하루 힘을 쓰면 즉 하루의 공을 들인 보람이나 효과가 있고, 한 달의 힘을 쓰면 한 달의 공효가 있다. 오늘 조금도 힘을 쓰지 아니하고 젊은 나이의 짧은 세월을 잃으면 다른 날에 성현을 만나서 스승을 삼더라도 그 유익함을 보지 못할 것이다. 공부에 뜻을 둔 사람은 이때를 놓치지 말아야 한다.

---

73) 일을 마치거나 목적을 이루는 데 들인 노력과 수고. 또는 일을 마치거나 그 목적을 이룬 결과로서의 공적.
74) 날마다 씀.

제26과 개미를 구해서 어짊을 베풀다

천지 사이에 비록 미물이라도 또한 한 생명을 구함은 옳은 것이지만 해치는 것은 옳지 않다. 옛날에 중국 송나라 때에 송기(宋祈)라 하는 명재상이 있었다. 재상이 아이 때에 집 섬돌 아래에 있다가 개미굴이 소나기의 폭주로 장차 떠내려가게 된 것을 보고 마음에 몹시 연민이 들었다. 이에 대나무 다리를 엮어서 섬돌 아래에 놓고 개미를 인도하니 개미떼가 물난리를 면하였다. 대개 미물을 구하는 마음은 사람을 구하는 마음과 동일한 자선75)이 된다. 그러므로 송기가 훗날에 명재상이 됨은 아이 때부터 이미 점치어진 것이다.

---

75) 남을 불쌍히 여겨 도와줌.

제27과 서로 앞서려고 다투다

　　남편은 아내를 위하여 생계를 꾀하고, 아내는 남편을 위하여 집안을 다스리니 이는 부부가 상자(相資)76)함이다. 공업에 종사하는 자는 농업에 종사하는 자를 위하여 쟁기를 만들고, 농업에 종사하는 자는 공업에 종사하는 자를 위하여 곡식을 생산하니 이는 서로 돕는 것이다. 유타77)를 즐겨하여 항산78)이 없고, 타인을 의앙79)하여 생활을 계획하는 자는 비유컨대 동물 중의 기생충과 같으니 이름하여 사회의 좀벌레이다. 나라에 이런 부류의 사람이 많으면 사회가 반드시 쇠약해진다. 그러므로 국민이 된 자는 쟁선80)에 힘을 다해 사회에 유익한 인간이 되는 것이 중요한 것이다. 대개 공익과 관련한 의거에 대해서는 좋아서 뛰듯 앞서서 다퉈서 개인의 사사로운 이익을 돌아보지 아니하고 뭇사람을 위하여 정성을 다하는 자는 가히 사회의 표준이 된다. 이러한 사람은 자기 한 몸의 노고는 돌아보지 않을지라도 뭇사람에 균점81)하는 이익은 퍽 많다. 우리 청년들은 서로 돕

---

76) 서로 돕다.
77) 빈들빈들 놀기만 좋아하고 게으름.
78) 살아갈 수 있는 일정한 재산이나 생업.
79) 의지하고 우러러 사모함.
80) 서로 앞서려고 다툼.

는 도리로써 쟁선의 용기를 함양하여 사회의 모범이 되기를 스스로
기약함이 옳다.

.

---

81) 고르게 이익이나 혜택을 받음.

제28과 음식을 절제하라

　무릇 음식이란 것은 인생의 제1 요소이다. 음식을 먹지 아니하면 죽으나 많이 먹으면 병이 나는 고로 맑은 차와 담백한 식사는 족히 신체를 기르고 향이 짙고 맛이 진한 음식은 도리어 위생에 장애가 된다. 혹여 일시적인 구복[82]의 욕망을 따르면 죽을 때까지 근심을 남기게 된다. 어찌 가히 삼가지 아니하리오. 대개 음식을 먹는 사람을 보건대 삼가지 아니하는 사람은 그 건강을 해치게 되어 요절하는 사람이 항상 많음이 그 명백한 증거이다. 마땅히 음식을 좋아하고 즐기려는 욕심을 준절[83]하여 음식을 삼가는 것이 위생의 근본이다.

---

82) 먹고살기 위하여 음식물을 섭취하는 입과 배.
83) 알맞게 절제함.

제29과 곰이 벌침에 쏘이다

모춘[84] 초에 경치는 맑고 아름답고, 숙기[85]는 화목하고, 초목은
잘 자라서 무성하고, 화초는 아름다움을 다투니 이 미경양신[86]을
만나서 금수 또한 즐겁게 노닌다. 이때에 곰 한 마리가 있어서 교외
에서 재미있고 즐겁게 놀다가 벌침에 찔려서 일시적으로 몹시 아프
고 괴로운 것을 견디지 못하고 복수하기로 마음을 먹고 그 벌집을
기울여서 뒤집어엎었다. 그러자 뭇벌들이 받들어 나와서 곰을 에워
싸면서 쏘니 온갖 고통이 극심하였다. 곰이 깊이 뉘우쳐 말하기를
한 침의 한을 씻고자 하다가 도리어 뭇침의 해를 받았다 하니 『논
어』에 이르기를 작은 것조차 차마 할 수 없으면 큰 모의를 어지럽
힌다 함이 이 곰을 가리키는 것이다.

---

84) 음력 3월을 달리 이르는 말.
85) 이른 봄날의 화창하고 맑은 기운.
86) 좋은 시절(時節)과 아름다운 경치(景致)라는 뜻으로, 봄 경치(景致)를 이르는 말.

제30과 공자

공자는 동양의 큰 성인이다. 이름은 구(丘)이고, 자는
중니(仲尼)이니 거금(광무 10년, 곧 1906년) 2천 4백 57년
전 주나라 영왕 21년 경술에 노나라 창평향[87])에서 탄
생하였다. 아버지는 숙량흘(叔梁紇)이고 어머니는 안
(顔)씨였다. 신장이 9척 6촌이고 요대[88])는 10위[89])였다.
어릴 적에 즐겁게 장난스럽게 놀 때에도 제기를 늘어
놓고 예용[90])을 익히더니 장년에 미쳐서는 성덕이 날
로 드러났다. 노나라에서 벼슬을 하시니 관직이 사
구[91])에 이르더니 후에 노나라를 떠나 제(齊)·송(宋)·위(衛)·진(陳)·채
(蔡)나라로 유람하시다가 도가 행해지지 않음을 아시고 노나라로 돌
아와 시서[92])를 정하시고, 예악을 바르게 하시며 주역을 밝히시고
춘추를 꾸미시고[93]) 소왕[94])의 도를 행하시고 여러 성인의 성과를 모

---

87) 지금의 중국 산둥성 곡부(曲阜) 동남쪽 지방으로 사료됨.
88) 허리띠.
89) 위(圍)의 길이는 양팔을 벌려 낀 둘레로 일설에는 다섯 치의 둘레를 일컫기도 한다.
90) 예절 바른 차림새나 태도.
91) 중국 주나라 때에, 육경(六卿) 가운데 형벌과 경찰의 일을 맡아보던 벼슬.
92) 시와 글씨를 아울러 이르는 말. 혹은 『시경』과 『서경』을 아울러 이르는 말.
93) 엮어 만듦.

으시니 실로 만세토록 유교의 조종이시다. 나이 73세에 돌아가시니 노나라 도성 북쪽 사수의 가에 장례를 지냈다. 그 제자 3천 명 가운데 육예에 능통한 자가 70여 명이었다. 공자의 언행을 기록하여 『논어』를 엮었다. 이후로 중국과 우리나라는 모두 공자를 대대로 스승으로 삼아 유교를 가장 존신[95]하였다.

---

94) 왕자다운 덕이 있어 왕이 될 자격을 갖춘 사람.
95) 존경하고 믿음.

제31과 맹자

맹자는 공자의 손자인 자사(子思)의 문하생이니 이름은 가(軻)이고 자는 자여(子輿)이다. 공자 사후 108년 주나라 열왕 4년 기유(己酉)에 추(鄒)96)에서 탄생하였다. 유년에는 어머니 장씨(仉氏)의 삼천(三遷)의 교육97)을 받고, 장년에 이르러서는 자사의 문하에서 수업을 받아 도가 이미 이루어짐에 제나라와 양나라에서 유세하시어 왕도를 펼치려 하였지만 능히 쓰이지 못하였다. 이에 물러나 제자 공손추와 만장의 무리들과 더불어 『맹자』 일곱 편을 저술하여 공자의 도통을 전하시니 후세에 유교의 종조(宗祖)98)를 공자와 맹자라고 반드시 칭한다.

---

96) 지금의 중국 산둥성(山東省) 쩌우청시(鄒城市)에 존재하던 지명.
97) 맹모삼천지교(孟母三遷之敎)를 일컬음.
98) 한 종파를 세워서, 그 종지(宗旨)를 펼친 사람을 높여 이르는 말.

제32과 본국

우리 자신과 우리의 부모와 조상이 거주하는 땅을 이르되 본국이라 한다. 본국의 사람을 국민이라 하니 융성한 집에는 타인이 감히 그 자제를 업신여기지 못하고, 융성한 나라에는 외국인이 감히 그 국민을 업신여기지 못한다. 그러므로 나라가 강하면 국민의 영광이고 나라가 약하면 국민의 수치이다. 우리는 비록 나이가 어리지만 모두 본국의 국민이니 국민이 된 의무는 그 나라를 강하게 함에 있다. 만약 국민이 능히 자강[99]치 못하면 그 나라 또한 자강치 못하는 고로 국민이 그 나라를 위하여 강하고자 할진대 그 자신의 자강함을 반드시 먼저 할지니 자강의 방법은 다른 것이 아니다. 자신을 건강하게 한 즉 신체가 강해지고, 행동을 도탑게 한 즉 덕이 강해지고, 배움에 힘을 쓴 즉 지혜가 강해진다. 사람마다 다 자강하면 자국이 지구 아래에서 막강의 나라가 될지니 이 어찌 국가의 광영이 아니리오.

---

99) 스스로 힘써 몸과 마음을 가다듬음.

제33과 자립

사람은 능히 자립에서 귀함을 더할 것이 없고, 의뢰함에서 욕됨을 더할 것이 없다. 그러므로 사람을 의뢰하여 사는 자는 득의(得意)[100] 함이 비록 지극하나 족히 귀하다 이르지는 못한다. 장춘등(長春藤)[101]은 덩굴 식물이다. 담장 아래에서 살면서 담장에 붙어서 타고 위로 올라가려 함으로 스스로 자랑하여 구맥화(瞿麥花)[102]를 보고 "작도다"라며 손가락질하였다. 패랭이꽃이 돌아보며 말하기를 "나는 비록 작지만 의탁이 없고 자립한 자이고, 그대는 비록 높이 올랐으나 만약 불행히도 담장이 무너지면 땅에 엎어짐을 면치 못하는 자이다." 하였다. 아아! 세상에 능히 자립하지 못하는 자는 가히 경계할지어다. 나라도 또한 그러하니 자립의 힘이 없어서 외인에게 의뢰한 즉 끝내 그 주권을 능히 스스로 보전하지 못하며 토지를 능히 스스로 지키지도 못할 지어다. 아아! 청년이여 자립의 정신을 기를 지어다.

---

100) 일이 뜻대로 이루어져 만족해하거나 뽐냄.
101) 담쟁이덩굴.
102) 패랭이꽃.

제34과 학도의 정직

　무릇 학교의 규례는 수업 때에 있어서 정숙함을 필요로 하고 시끄럽게 떠들 수는 없으니 그렇지 아니하면 벌이 있을지라. 하루는 교사가 셈을 가르칠 때 모든 학생들이 바르게 앉아서 경청하는데 유독한 모퉁이에서 작은 소리가 나거늘 교사가 듣고 학도를 불러 벌을 주고자 하니 그 학도가 고하였다.

　"내가 학교에 입학 후로 매사에 훈도를 복응(服膺)103)함은 스승님이 아시는 바입니다. 지금 작은 소리가 있음은 실로 나의 소행이 아닙니다."

　한 학도가 또 그 학생이 벌을 받게 됨을 보고 곧바로 일어나 말하였다.

　"이 일은 실로 내가 범한 바이오니 청컨대 나를 벌함이 옳습니다."

　교사가 이에 그 정직함을 칭찬하고 벌을 면하고 처음 불러낸 학생에게 명하여 그 본디의 위치로 돌아가게 하였다. 함께 공부하는 모든 생도도 그 정직함을 다 따랐다.

---

103) 교훈 따위를 마음에 간직하여 잠시도 잊지 아니함.

제35과 나뭇단의 비유

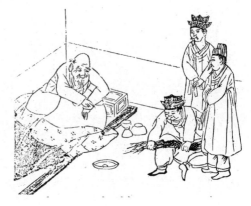

천하의 일이 대소를 막론하고 합하면 강하고 나뉘면 약함은 이세104)의 명료함이다. 옛날에 한 노인이 병으로 자리에 누었더니 하루는 중자105)를 불러 분부하였다.

"내가 지금 한 물건이 있어서 너희들에게 주고자 한다."

나뭇가지 한 단을 던지며 그 중자로 하여금 꺾게 하였다. 중자가 응낙하고 각기 힘을 다하여 꺾고자 하였으나 능히 꺾지 못하거늘 노인이 말하였다.

"너희들은 나뭇가지를 낱개로 추출하여 차례로 한 개씩 나누어 꺾어라."

이에 손을 따라서 하니 꺾게 되었다. 노인이 말하였다.

"너희들은 이것을 감계로 삼을 지어다. 지금 형제가 혹여 서로 나뉘어 떨어지면 타인의 속임과 업신여김을 반드시 받게 되느니라."

어찌 홀로 한 집안만 그러하리오. 한 국가도 또한 그러하다. 인민이 각자 헤어져 흩어지면 타인의 침범을 방어하기 어렵고 여러 사람

---

104) 사리(事理)와 형세(形勢)를 아울러 이르는 말. 혹은 자연의 운수.
105) 맏아들 이외의 모든 아들.

의 힘을 합하여 단체를 결성하면 천하에 적이 없음이 이 나뭇단을 꺾기 어려움과 같다 하겠다.

제36과 기질의 변화

무릇 각종 동물은 그 물과 흙, 지기와 음식 등이 불변하면 그 얼마의 해가 오래도록 지날지라도 능히 그 본성이 바뀌지 않는다. 이리는 본래 들짐승이어서 천성이 흉악하고 잔인해서 어떤 나라 태생을 막론하고 모두 얼굴의 생김새와 성정이 같지 아니한 것이 드물다.

개는 집에서 기르고 들에서 노나 그 음식과 사용을 특별히 다르게 하여 형체와 성질이 변하여 혹은 작기가 쥐와 같으며 혹은 흉악함이 이리와 같으며 혹은 길들여짐이 고양이와 같다. 이는 배합과 개변법으로 인하여 종류의 특별한 구별이 있기 때문이다. 사람도 능히 그 습관을 개혁하여 착함을 따르고 자신106)하면 어리석음을 변화하여 지혜를 이루며 못나고 어리석음을 변화하여 어짊을 이룰지니 가히 힘쓰지 아니하리오.

---

106) 묵은 것을 버리고 스스로 새로워짐. 혹은 스스로 지난 잘못을 뉘우치고 바로잡아 새로운 길에 들어섬.

제37과 개미가 물길을 알다

　무릇 고산준령에 우물과 샘을 개척하고자 하면 그 수원107)을 먼저 탐색한 후에 팔 것이다. 혹 망연히 알지 못함으로 말미암아 마음대로 함부로 파다가는 헛되이 수고만 하다가 아무런 공도 없게 된다. 옛날에 제환공108)이 고죽국109)을 정벌할 때 진영 안에 물이 떨어져 산을 파서 물을 얻고자 하였으나 우물을 얻을 수 없었다. 그 신하 습붕110)이 방책을 올려 말하였다.

　"개미굴을 향해서 굴을 파면 가히 맑은 샘을 얻을 수 있을 것입니다. 또한 개미굴을 찾는 것도 방향이 있사오니 무릇 개미는 겨울에는 따뜻한 곳을 취하여 산의 양지(남쪽)에 살고, 여름에는 시원한 곳을 취하여 산의 음지(북쪽)에 삽니다."

　환공이 그 말에 의지하여 찾아서 파니 과연 물을 얻었다. 이에 가히 고인의 격치111)의 학문을 볼 것이다.

---

107) 물이 흘러나오는 근원.
108) 齊桓公(재위 B.C.685~B.C.643)은 춘추오패(春秋五覇)의 한 사람으로 제나라 제16대 군주이다. 성은 강(姜), 휘는 소백(小白), 시호는 환공(桓公)이다.
109) 중국의 상(商)과 주(周) 시대에 지금의 발해만(渤海灣) 북안(北岸)에 위치했던 제후국으로, B.C. 664년 제환공(齊桓公)에 의해 멸망되었다.
110) 관중과 함께 제환공을 보좌한 지혜로운 신하의 한 사람. 제환공이 고죽국을 정벌할 때, 개미의 생리를 이용해서 물을 찾았다고 함.
111) 격물치지(格物致知).

제38과 완롱[112]에도 깨달음이 있다

무릇 아동이 완롱을 즐겨하여 동작을 그치지 아니함
으로 평상시에 사람들의 미움을 받으나 혹은 그 완롱으
로 인하여 이기[113]를 만들어 내면 후세 사람들이 그 이
기의 무궁함을 누리는 것이 있다. 옛날에 화란국[114]에
안경점 주인의 아들이 그 부모가 외출함을 틈타 그 유
리 조각으로 완구를 만들어 남의 물건을 몰래 훔쳐보았
다. 또한 유리 조각을 취하여 겹쳐서 사물을 보니 먼 것이 홀연히
가깝게 보였다. 후에 그 아버지에게 알렸는데 아버지가 시험하니 과
연 그러하였다. 이로 인하여 이 방법으로써 멀리 보는 거울을 만들
었다. 후에 의대리[115]의 격물사 알리류[116]가 그 방법을 취하여 망원
경을 제조하여 천상을 살핌으로 지금까지 이기가 되었다. 원컨대 아
동이 학교에 있을 때에는 마음을 써서 수업을 하고 그 여가에는 어

---

112) 보통 "장난감이나 놀림감처럼 희롱함."의 의미로 쓰이나 여기에서는 "손아귀에 넣고 제멋대로
　　가지고 놂."의 의미가 더 자연스럽다.
113) 실용에 편리한 기계나 기구.
114) 네덜란드.
115) 이탈리아의 한자 표현인 '의대리(意大利)'로 사료됨.
116) 이탈리아의 천문학자인 갈릴레이 갈릴레오(1564~1642)로 추정됨.

떤 물건을 완롱하든지 반복 연구하면 혹여 이와 같이 신기한 물리를
깨달을 수 있다.

제39과 말이 아이를 구하다

옛날에 한 아이가 있어서 나이는 10세도 차지 않았다. 하루는 말을 끌고 들에 나가 놀 때 폭우가 갑자기 내려 냇물이 넘쳐흘러 능히 건너서 돌아가지 못하였다. 이때 날은 이미 저물고 비는 그치지 않자 아이는 하늘을 우러러 소리내어 슬피 울었다. 말이 아이를 품고 강의 건너편 기슭에 건너다 주었다. 마침 날이 저물어 캄캄하여 길을 분변하지 못하였다. 또 말이 앞에서 인도하여 아이를 이끄니 아이가 말이 먼저 인도함에 기대어 그 고삐를 잡고 그 뒤를 천천히 따라 가니 집에 무사히 도착하였다. 대개 측은지심은 동물도 오히려 그러하거늘 하물며 가장 신령한 사람으로서 이러한 마음이 없는 자라야 어찌 말에게 부끄러움이 있음이 없으리오.

제40과 탐욕을 경계하다

고인이 있어서 말하기를 "하고자 하는 바를 드러내지 아니하면 마음이 어지럽지 아니하다" 하였다. 또한 말하기를 "이익은 지혜와 견식을 어둡게 한다" 하니 이는 탐욕의 일념이 능히 몸을 해치는 까닭이다. 지금 쥐로써 비유컨대 쥐의 성질이 교활하여 구멍에서 나와 기함117)이 있음을 보고 마음속으로 은밀히 헤아렸다. 이것은 덫이다. 저 영혜118)한 사람들이 이것을 설치하고 미끼를 놓아서 나를 잡으려 함이다. 내가 만약 그 미끼를 탐하여 그 덫을 접촉하면 저 계략에 걸려 걸리니 내가 그 모략을 간파하여 속임에 넘어가지 아니하리라. 그러나 저 미끼가 형향119)하니 버리고 떠나는 것이 아깝도다. 지금 내가 이빨로써 씹지만 아니하고 코로써 냄새만 맡으리라 하고 가서 냄새를 맡더니 덫이 갑자기 작동하여 몸이 마침내 죽게 되었다. 아아! 사람이 영리를 탐하여 생명을 돌아보지 아니하는 자와 혹은 행면120)을 바라는 자는 그 몸을 보전하기 어렵다. 이를 어찌 경계하지 아니하리오.

---

117) 덫.
118) 신령스럽고 지혜롭다.
119) 꽃다운 향기. 향내.
120) 倖而得免. 곧 요행이 벗어남.

제41과 편안함을 꾀하다 도리어 피곤하게 되다

옛날에 어느 부자 노인이 있었으니 하루는 집의 개를 잃었다. 집안 사람을 시키어 가마꾼을 불러들여 명하였다.

"빨리 개를 찾아오시오."

가마꾼은 원래 어리석고 게으른 습성이 있었다.

"우리들은 단지 가마를 드는 것이 직분입니다. 개를 찾는 일은 맡은 바 일이 아닙니다."

부자 노인이 말하였다.

"네 말이 이치가 있도다. 내가 스스로 가서 개를 찾으리라."

즉시 가마꾼에게 명하여 가마를 타고 산마루와 물가는 물론 고원과 평지를 두루 다니며 개를 찾았다. 가마꾼이 힘이 다하여 부자 노인에게 알렸다.

"청컨대 잠시 어깨를 쉬게 하소서. 족히 피로하여 다니기 어려우니 만약 늙은 주인께서 다시 먼 곳으로 가서 개를 찾고자 하신다면 우리들이 바꾸어가고자 합니다. 늙은 주인은 피로하지 아니합니다."

부자 노인이 웃으며 말했다.

"그렇다면 너희들이 가서 찾으라."

마침내 걸어서 돌아가니 가마꾼들이 나무 아래에서 휴식하면서 서로 돌아보며 후회하면서 말하였다.

"오늘 크게 고달프도다. 편안함을 꾀하다가 도리어 피로가 가중되었다."

속어에 전하기를 "지나치게 잔꾀를 쓰다가 도리어 곤궁에 처하게 되었다" 함이 가마꾼을 일컬음이로다.

제42과 정부를 관망하지 말라

　우리나라의 습관은 의뢰심이 고결121)함으로 정부의 의견을 따라서 전이의 방향을 잡아야 한다. 이로써 무리 중에 약간의 이견 있는 것만 보아도 반드시 흉보아 말하되 안분122)치 못하는 사람이라 하니 이는 사람의 개량을 금지하며 사람의 진취를 억누르는 폐습이다. 소위 안분이라 함은 실제로는 나태로 말미암아 자포자기의 습성을 이룬 것이다. 국민이 된 자는 관직은 비록 없으나 일반적으로 국가의 책임을 부담하였으니 어찌 정부만 바라보고 자기 집의 의무를 수행하지 않으리오. 그러한 즉 눈앞에 닥친 현재의 계획은 마땅히 사람마다 각기 국민의 책임을 스스로 힘써서 견인불발의 정신으로 분발하고 자립할 지어다. 옛날의 의례적 습성과 나태적 성질은 빨리 버리는 것이 옳도다.

---

121) 엉기어 굳어짐.
122) 편안한 마음으로 제 분수를 지킴.

제43과 선비의 꿋꿋한 기개를 기르라

본 조선의 세종대왕이 일찍이 질환이 있거늘 내인123)들이 무당의 말에 현혹이 되어 성균관 앞에서 기도를 하였다. 성균관 유생들이 무녀 무리를 몰아서 내쫓았다. 중사124)가 크게 노하여 그 연유를 사뢰었다. 임금께서 질환을 다스리시고 일어나 앉으시며 말씀하시었다.

"내가 능히 선비를 기르지 못할까 항상 근심이었는데 지금 선비의 기개가 이와 같으니 내 무슨 근심이 있으리오. 이 말을 들으니 나의 질환이 즉시 나았도다."

그 후에 또한 성종대왕이 일찍이 질환이 있거늘 대비께서 여자 무당으로 하여금 반궁125)의 벽송정126)에 가서 기도를 하였다. 성균관 유생 이목127)이 여러 유생을 이끌어 무녀를 몽둥이를 들어 쫓아내니 무녀가 대비께 고하니 대비가 크게 노하시어 대왕께 알리었다.

---

123) 아낙네.
124) 왕의 명령을 전하던 내시(內侍).
125) 성균관(成均館)과 문묘(文廟)를 통틀어 이르는 말.
126) 명륜당(明倫堂) 북쪽 북악산(北岳山) 기슭에 위치(位置)하여, 유람(遊覽)온 일반인(一般人)들이 머물던 곳.
127) 조선 전기의 문신으로 무오사화(戊午士禍) 때 변을 당했으며 후에 이조판서에 추증되었다.

왕이 대사성을 불러 술을 특별히 하사하시고 가로되 "너희가 능히 여러 유생을 거느리고 선비의 풍습을 바르게 돌아가게 하니 그 아름 다움과 장려함을 이기지 못하노라." 하시었다.

제44과 작은 쥐

한 작은 쥐가 그 어미쥐와 부자 노인
의 큰 문간방 속에서 함께 살았다. 맛
있는 음식이 심히 많아서 마음에 흡족
하였으나 고양이 한 마리가 있어서 때
때로 작은 쥐를 놀라게 함으로 맛있는 음식을 얻지 못하고 굴 속에
숨어 지냈다. 하루는 작은 쥐가 기쁜 기색으로 달려가 알렸다.

"오늘은 다행입니다. 선부128)가, 혹은 우리들이 고양이에게 상해
를 입을까 두려워하여 한 작은 집을 지었는데 아래는 목판을 펴놓고
윗면과 사방 둘레는 모두 철사로 난간을 만들고 그 속에 입에 맞는
향기롭고 맛있는 우유병을 마련해 두었으니 고양이가 능히 침입할
수 없습니다. 내가 지금 와서 특별히 알려드리오니 어머니께서는 함
께 가서 사시지요."

그 어미쥐가 대답하였다.

"나의 아들아. 네가 나에게 먼저 알림이 너의 행복이다. 네가 만약
목을 들이대었던들 영원히 다시 나오지 못할 뻔 하였도다. 그 집은

---

128) 조선시대에, 사옹원에서 문소전(文昭殿)과 대전의 식사를 감독하는 일을 맡아보던 벼슬. 종칠품
의 잡직이었다.

즉 작은 쥐를 사로잡는 철둥우리이니라.”

　무릇 사람이 일을 처리함에 의아스럽거나 분명하지 아니한 일을
만나거든 마땅히 먼저 일일이 따져 물은 후에 행하는 것이 옳을 지
어다.

제45과 흡연을 금하다

　서양의 각 학교에서는 흡연을 금하되 특히 해군학교나 군사학교에서는 더욱 극단적으로 엄금한다. 미주의 여러 나라에는 법률을 제정하여 담배를 장려하거나 어린아이에게 팔아넘기는 것을 허가하지 아니하고 세자국에서는 법률을 설치하되 어린아이가 거리에서 흡연하는 자를 경찰관이 체포하여 그 죄를 윤절[129]과 서로 같게 정한다. 현재 일본에서도 서양의 금연법을 본떠서 나이가 어린 자는 흡연을 할 수가 없다. 그 부모 형제가 사정을 알고도 알리지 아니한 자는 금 1원으로 징벌하고 담배와 담배쌈지를 미성년자에게 판매하는 자는 금 10원으로 제재를 가한다.

　무릇 어린 아이의 흡연은 뇌수를 고갈케 하여 정신을 닳아 없어지게 하는 고로 엄금함이 옳으니 학생은 십분 경계하여 삼갈지어다.

고등소학독본 권1 끝

---

129) 윤리적 차원의 죄.

고등소학독본

휘문의숙 편집부 편찬

권2

고등소학독본 권2 목차

제1과 교육

국민의 문명을 논하는 것은 온 나라의 백성을 가지고 말함이지 한 두 사람을 들어 논함은 아니다. 대개 보통교육이 없어 국민이 현불초1)의 등급이 많은 경우에는 단결의 힘을 얻지 못하고 공동의 이익을 알지 못하여 억만 명의 백성이 있어도 각각 억만 개의 마음이 있다. 이와 같은 나라는 토지의 넓음과 물산의 풍부함과 백성의 많음과 기계의 정밀함이 있으나, 그 국가의 기초가 모래를 모아 둑을 쌓음과 같이 완전함을 얻지 못할 것이다. 이는 뛰어나면 이기고 뒤떨어지면 지는 시대를 당하여 자존자립의 도를 전하지 않으면 어찌 국가의 보존함을 얻을 수 있으리오. 만약 다른 나라가 있어 무단히 군함을 타고 우리의 동포를 학대하며 우리의 성지2)를 빼앗으면 다른 곳에 향하여 호소하려고 하나 할 수 없을 것이며 또 공법과 공약이 비록 있으나 잘 시행하지 못할 것이다. 저 태서의 각국은 경영이 방오3)하여 미친 듯 취한 듯 군함과 화기를 날로 새롭게 하며 학술 연구를 더욱 정밀하게 하여 부지런히 교육을 열심히 행함은 모두 보통교육의 근본을 세우고자 함이다.

---

1) 어짊과 못남. 또는 어진 사람과 못난 사람을 아울러 이르는 말.
2) 성과 그 주위에 파 놓은 못.
3) 원 뜻은 오가는 사람이 많아 붐비고 수선스럽다.

제2과 박애

무릇 인간 사회 속의 사람은 모두 평등하여 구별이 원래 없으나 간혹 재주와 학식이 특출한 자도 있으며, 간혹 몽매하여 자각이 없는 자도 있으며, 집안 자산이 수 만에 이르는 자도 있으며, 가난하여 쌀 한 섬 없는 자도 있다. 지혜로움과 어리석음, 가난함과 부유함이 고르지 않아서 상중하 사회의 구별이 있으니 이는 지구 상 각국이 면할 수 없는 것이다. 그러나 문명의 나라는 백성이 박애의 도를 강구하여 의식과 일용의 비용을 절약하여 크고 작은 학당과 도서관과 박물관과 화원 등을 많이 지어 우매하며 빈곤한 사람으로 하여금 지혜로운 자의 전함을 받으며, 생존의 즐거움을 누려서 진취할 생각을 내며, 근심의 마음을 끊어 평등에 점차 돌아오게 한다. 미개한 나라는 백성이 놀고 게으른 것에 익숙하여 삶을 도모함에 졸렬하고 항산이 없어 망녕된 생각이 생기는 까닭에 작은 즉 간사함을 만들고 큰즉 어지러움을 지어내니 백성이 이와 같으면 사회의 진흥을 바랄 것이 없다. 지금 근검절약을 드높이며 근로를 권면하여 박애의 도를 행하되 공익에 관련함이 있다면, 힘 있는 자는 능력껏 돕고 힘 없는 자는 어리석은 이를 권면하여 박애주의를 반드시 성취해야 할 것이다.

제3과 병사의 근본

경쟁은 생물의 이치라서 미물인 벌과 개미도 서로 싸움이 있는데 하물며 인류에 있어서랴. 문명이 더욱 진보할수록 경쟁은 더욱 많으니 고금의 역사를 살펴보건대 수십 년간에 전쟁이 없었던 적이 있지 않아 뛰어나면 이기고 뒤떨어지면 지는 사적을 분명히 상고할 수 있다. 이로써 세계 열국이 각각 병사를 양성하며 무를 익혀서 방어에 힘쓰며 전투를 대비하여 금일 화평으로 맹약하였다가 다음 날에 무기로써 서로 노리는 데 이른다. 이러한 시대를 당하여 문을 좋아하고 무를 가볍게 여겨 경쟁의 마음이 없는 자가 강토의 권리를 보존하며 백성의 행복을 도모하고자 하나 어찌 할 수 있으리오. 그러므로 병사는 징병의 방법보다 좋은 것이 없다.

제4과 징병

　대개 징병은 국가를 자기의 집과 동일시하여 하루아침에 일이 있
으면 농사짓는 자는 농기구를 버리며 장인의 일을 하는 자는 도구를
버리며, 공인을 직업으로 하는 자는 공구를 버린다. 부모를 이별하
며 형제를 떠나고 화살, 돌, 총검의 사이에 서면 몸을 아끼지 않는
자가 누가 있으랴마는 특히 종묘사직이 있는 곳이 곧 나라이고, 집
안 재산이 맡겨진 곳이 곧 나라이다. 어찌 내 한 몸을 아깝게 여겨
조국을 보존하지 않으리오. 까닭에 전쟁의 진지에 한번 임하면 나아
감은 있고 물러섬은 없으니 필승으로 끝난다. 모병은 종복과 다를
것이 없어서 집안일을 정리함이 마침내 주인만 같지 않으니 이것이
징병과 모병에 차이가 있는 까닭이다. 무릇 우리 청년은 금일의 학
생이 다른 날 비휴4)로 보이는 일도 반드시 있을 것이니, 원컨대 독
서하는 여가에 군사의 일을 강구하여서 미처 생각하지 못한 일을 대
비할 지어다.

---

4) 원 뜻은 범과 비슷하다고도 하고 곰과 비슷하다고도 하는 맹수. 비는 수컷이고 휴는 암컷이다.
　여기서는 용맹한 군대를 가리킨다.

제5과 집이나 고향을 그리워하는 것은 애국이 아니다

집과 고향은 인간 사회의 가장 절실하고 친근한 것이다. 까닭에 나라를 사랑하는 것은 집과 고향을 사랑하는 것에서 시작한다. 대개 부모 형제가 모여 사는 것과 이웃 친구가 따르는 것이 어찌 세상의 지극한 즐거움이 아니리오. 그러한 즉 사랑함은 가하지만 그리워함은 불가하다. 세상에 집이나 고향을 그리워하는 자는 마음씀이 미염5)을 벗어나지 않으며, 족적이 향리에 겨우 들어가 있어 집에서 멀어짐이 백 리만 되면 이별의 눈물이 옷깃을 가득 적시고 문에 나섬이 열흘이 넘으면 돌아갈 마음이 화살과 같이 급하다. 이와 같은 자는 지취6)가 반드시 비루하며 견문도 반드시 비루할 것이니 나라에 어찌 도움이 되는 것이 있으리오. 대저 만 호의 고을에서 원로는 사업을 경영하여 멀리 나서고 자제들은 사방으로 가서 유학하면 고을 중에 개명한 선비와 알찬의 가호가 반드시 많을 것이니 이는 멀리 나서고 유학한 효과이다. 아아! 남자로서 국가에 뜻을 둔 자는 혹여 매우 춥거나 더운 지역이라도 두루 유학하여 한 가지 재주나 기술을

---

5) 쌀과 소금이라는 뜻으로, 식생활에 없어서는 안 될 물건을 비유적으로 이르는 말. 또는 잘달고 번거로운 일을 비유적으로 이르는 말.
6) 의지와 취향을 아울러 이르는 말.

배울 수 있어서 공을 세우며 명예를 이룸을 생각할 것이다. 사람이 어찌 집 안에서 늙어 죽어 세상사를 듣지 못하는 쌀벌레가 되길 좋아하겠는가.

제6과 홍인종과 흑인종

서양인이 말하기를 "천하에 영웅의 눈물을 흐르게 하며 장사의 기상을 짧게 만드는 것은 곤궁함이 이것이다."라고 한다. 대저 환과 고독[7]의 네 백성이 심각하다. 그러나 저들은 고국에 지내며 고향에 있으면서 외려 행동을 자유롭게 하며 문자를 스스로 배우며 언어를 스스로 말하며 또 비분강개의 노래를 스스로 부른다. 다만 나라가 없는 사람은 혹여 불모의 사막과 미개의 섬으로 옮겨 흩어져 신체를 속박하며 입을 봉하여 채찍질을 당하기를 우마와 같이 하여 사람 축에 끼지 못한다. 이는 천지에서 지극히 곤궁한 것이니, 환과고독과 비교함을 어찌 할 수 있으리오. 아아! 아메리카주의 홍인종과 아프리카주의 흑인종을 살펴보라. 우리 청년은 국토의 보존함을 자신을 보존함과 동일하게 생각하여 우리가 스스로 강함에 힘쓸 일이다.

---

7) 늙어서 아내 없는 사람, 젊어서 남편 없는 사람, 어려서 어버이 없는 사람, 늙어서 자식 없는 사람을 아울러 이르는 말.

제7과 스스로 돌보기

옛날에 두 사람이 동행하여 어느 숲을 지날 적에 서로 의논하여 정하기를 혹여 중도에 곤란한 일을 만나거든 피차 간에 서로 돕자고 하였다. 길 가다 몇 걸음 못가서 곰 한 마리가 숲에서 달려 나왔다. 한 사람은 몸이 가볍고 민첩하여 나무에 올라가 피하고, 한 사람은 놀라 겁을 먹고 땅에 엎드려 숨을 참으면서 죽은 사람과 같이 가만히 누웠다. 곰이 와서 냄새를 맡고 이미 죽었다고 여겨 버려두고 갔다. 곰이 이미 가자 나무에 올라갔던 자가 친구 앞에 쫓아와서 물었다. "내가 본 즉 곰이 자네 귀에 대고 긴밀히 말하고 떠났는데 무슨 말을 들었는가?" 친구가 말했다. "저 곰이 다른 말은 없었고 다만 '너는 어리석은 사람이로다. 그렇지 않다면 담이 작은 사람에게 의탁함은 반드시 없었으리라.'라고 하였네." 담이 작은 자는 험난한 일을 한번 만나면 친구를 버리고 약속을 저버린다. 까닭에 스스로 자기만을 생각하고 편하려는 사람과는 우의를 더불어 말할 수 없음을 알 일이다.

제8과 좁은 소견

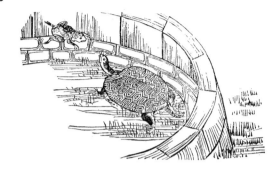

　개구리는 우물 바닥에서 자란 생물이라서 이 바깥에는 아무래도 큰 바다가 있음을 알지 못하였다. 바다거북 한 마리가 우연히 지나다 우물에 넘어져 들어왔는데 개구리가 맞이하며 물었다. "그대는 어디로부터 이곳에 이르게 되었소?" 거북이 답하여 말했다. "바다로부터 왔소." 개구리가 듣고 우물의 주위를 가리키며 물었다. "바다의 크기가 이곳과는 어떠하오?" 거북이 말했다. "이곳에 비교할 바가 아니오." 개구리가 우물의 담장을 빙둘러 다니다가 또 물었다. "바다가 이와 같이 크오?" 거북이 말했다. "이에 비하면 만 배나 더 크오." 개구리가 말했다. "그러한 즉 바다의 크기는 어떠하오?" 거북이 말했다. "그대는 우물에 있어서 우물 밖에는 어떠한 큰 바다가 있는 줄 알지 못하니 이는 소견이 넓지 못함이오. 만약 바닷물을 논하자면 그대가 십 년을 헤엄쳐 나아가도 그 반을 볼 수 없을 것이오." 개구리가 말했다. "천하에 이와 같은 물이 어찌 있단 말이오? 그대는 출신을 스스로 자랑하는 것이구려." 무릇 사람이 견문에 국한하여 생각이 원대한 데 이르지 못한 자는 이런 우물 안 개구리의 부류라 할 것이다.

제9과 맹자 어머니의 가르침

옛날에 현명한 어머니가 자식을 잘 가르쳐서 위대한 현자로 만든 것은 오직 맹자 어머니 장씨가 가장 두드러진다. 맹자 어머니는 맹자로 하여금 유학하게 하고 집 안에서는 베 짜는 일을 하였다. 맹자가 우연히 게을러져서 학업을 마치지 않고 집에 돌아왔는데, 맹자 어머니가 칼을 가져다 베틀을 스스로 끊었다. 맹자가 놀라서 무릎을 꿇고 여쭈어 말하니 맹자 어머니가 말했다. "너의 배움은 나의 베 짜는 것과 같다. 실을 짜서 한 촌 한 척을 이루고, 한 촌 한 척을 끊임없이 하면 한 장 한 필을 이룬다. 지금 네가 성현의 학문을 배우다가 게으름이 생겨서 돌아오니, 이는 내가 베를 짜다가 완성하지 못하고 베틀을 끊는 것과 같다." 맹자가 깨달아 다시 가서 학업을 이루었으니, 지금 학생의 부모도 모두 맹자 어머니의 마음이 어찌 없으리오. 마땅히 각자 스스로 맹자의 마음으로 자신을 권면할 일이다.

제10과 모습을 따라하기

원숭이 한 마리가 있었는데 작은 아이가 교실에 들어가는 것을 보았다. 좋은 것을 얻을 수 있는 일이 반드시 있으리라 생각하여 교실에 따라 들어와 여러 아이들과 함께 앉았다. 아이가 책을 펼치거늘 원숭이도 책을 펼쳤다. 여러 아이들이 보고 웃으니 원숭이도 웃었다. 한 아이가 있었는데 물건을 원숭이에게 던지니 원숭이도 도로 던졌다. 또 한 아이가 원숭이 꼬리의 털을 뽑으니 원숭이도 일어나 아이의 머리털을 뽑았다. 아이가 큰 소리로 도움을 구하니 교실의 선생이 마침 와서 원숭이를 붙잡았다. 여러 아이들이 소리 질러 말했다. "때려주세요." 선생이 "불가하다. 저 원숭이가 한 것은 모두 너희들이 한 것이다. 너희들이 지금 좋은 모범을 보였으면 저 원숭이도 반드시 본받았을 것이다."라고 하고 풀어주어 떠나보냈다. 이로써 살펴보면 너희에게 작은 학생이 너희 모습에서 혹여 삼가지 못함을 본 즉 행한 것을 반드시 본받게 되는 것이 이 원숭이와 다를게 없다. 까닭에 너희들은 교실에 있으면서 잡담하지 말며 다투지 말아서 교실 안이 정숙하여 학문을 증진함을 임무로 삼을 일이다.

제11과 운동 및 놀이

무릇 사람이 신체가 건장하지 못하면 심지가 반드시 굳세지 못하고 심지가 굳세지 못하면 사업을 수립할 수 없다. 체조라고 하는 것은 청년 학생으로 하여금 신체를 건강하게 하며 지기를 견고하게 하여 다른 날 사업을 영위하게 함이니 학생에게 가장 필요한 것이다. 그러나 체조는 다만 신체를 건강하게 함에 그칠 뿐이요, 반드시 운동과 놀이를 겸하여 실행하지 않으면 정신을 활발하게 하며 의지를 유동하게 함에 유감이 없지 아니하다. 까닭에 놀이와 운동은 체육의 불가결한 것이라 이르니 현재 세계 열국에 학생을 교육하는 자가 체육을 지육,8) 덕육9)과 같이 견주는 것은 이러한 까닭이다. 그러나 놀이와 운동은 반드시 시간이 있으니 식후나 공복이 될 때나 혹은 두뇌를 지나치게 사용할 때에는 극렬한 운동을 행함이 불가하다. 대개 신체의 피곤함을 원인으로 하여 새로운 힘이 빨리 생기지 못하면 혈관을 파열하며 근골을 손상하는 일이 적지 않으니 학생은 마땅히 이를 주의하여 서서히 혈맥을 유통하게 한 후에 극렬한 놀이를 행할 일이다.

---

8) 지력의 개발 및 지식의 습득과 적용을 목적으로 하는 교육.

9) '도덕 교육(도덕성을 기르고 정서를 순화시킴으로써 사회생활에 적응하는 건전한 인격을 갖추게 하는 교육)'을 줄여 이르는 말.

제12과 자중함

　무릇 대중이 모이는 곳이던지 국가의 치안이던지 법률과 조규가 반드시 있어야 함을 여러 학생이 아는 바이다. 가령 학당으로 논할지라도 학과 시간이나 혹은 취침할 때에 담소를 할 수 없음이 곧 반드시 필요한 조규이다. 학과 시간에 담소하면 교학에 방해됨이 적지 않고 취침할 때에 떠들면 같은 방의 곁에 있는 사람이 그 피해를 다 입을 것이니 조규를 삼가 지키는 것이 또한 우리가 자중하는 도이다. 일찍이 들으니 일본의 혹자가 길 위에서 방뇨하거늘 경찰이 보고 책하여 말했다. "네가 금령을 알지 못하느냐?" 그 사람이 말했다. "나는 그대가 보지 못한다고 여겨 그랬습니다." 경찰이 말했다. "이것이 무슨 말인가? 내가 비록 보지 못했다고 하더라도 그대는 홀로 자중하지 않느냐? 또 금령이란 것은 대중을 위하여 만든 것이요 경찰을 위하여 만든 것이 아니다. 만약 사람들이 모두 너와 같다면 도로가 냄새나고 더러워져 다니는 자가 괴롭게 여길 것이니 그대에게 유독 어떤 이로움이 있는가? 그 사람이 이에 부끄러워하며 사죄하였다." 학생은 더욱 마땅히 이를 주의하여 한층 경계하고 삼가는 것이 좋다.

제13과 지층을 해석함

토지는 일시에 큰 덩어리로 응결한 것이 아니고 세대의 변천을 따라서 점차로 결성한 것이다. 까닭에 지각의 각 층이 있는 것을 지층이라 하는데 각 층마다 동식물의 유적이 있다. 지층의 가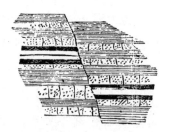장 깊은 것은 곧 최초 지층이니 어떠한 동식물의 유적도 없고, 있는 광석은 모두 화강석, 심홍석의 종류이다. 이것은 열을 거쳐서 용해되어 점차 응결한 것이다. 그 위는 곧 제1지층이고 그 위는 곧 제2지층이다. 광석은 편박석(돌의 무늬가 조각을 이룬 것), 청석, 사석, 석회석 등이고, 동식물의 유적은 모두 금세에 보이는 것이 아니다. 식물의 형체가 매우 단순하고 동물의 형체는 바닷고기와 유사한데 도마뱀과 같은 것도 있다. 그 위는 제3지층이니 광석은 모래와 찰흙과 석회석, 석고석, 광염, 철광 등이고, 동식물의 유적은 대략 금세의 것과 서로 유사하다. 가장 상층은 곧 제4지층이니 광석은 모래와 진흙과 온석과 자갈 등이고, 동식물의 유적은 모두 금세와 방불하며 사람의 유골도 있다.

제14과 교학의 효과

대저 동물이라 하는 것은 지각이 있으므로 통증과 가려움, 추위와 더위를 알 수 있으며 운동하여 육지 위에 날고 달릴 수 있고 물속에서 헤엄칠 수 있다. 또 타고난 재질이 있어서 교묘한 방안으로 주거를 경영하며 음식을 채취하는 것이 많으니 제비와 참새가 둥지를 짓는 것과 벌과 전갈이 방을 만드는 것과 땅강아지와 개미의 구멍과 거미의 거미줄이 이것이다. 오직 사람의 재능은 반드시 교학을 말미암아 이루어지지만, 날짐승은 타고난 재능이 있어서 교학을 반드시 하지 않아도 잘한다. 그러나 날짐승은 재주와 생각의 잘함이 자고로 모두 동일한 방식뿐이요 발전함은 아직 듣지 못하였으나, 사람은 교학으로 말미암아 옛 법을 바꾸어 새로운 지식을 창출하며 옛 습속을 고쳐서 새로운 생각을 만들어냄으로써 세대를 따라서 발전함이 있으니 이것은 교학의 효과이다. 청년은 마땅히 이를 생각하여 가르침에 복종하며 배움에 근면하여 더욱더 새로운 지식의 발전을 노력할 일이다.

제15과 물

물을 투명하며 흐르는 물질이다. 한 잔의 물은 색깔이 없으나 모여서 큰 물이 되면 청록색을 만든다. 물은 높은 산으로부터 내려와 간혹 폭포가 되며, 큰 것은 강이 되어 스며들고 흘러가 바다에 도달하는데, 지표면이나 땅 속에 물길이 관통함은 사람 몸의 혈맥과 같다. 또 물에 광물질과 소금을 함유한 것은 이름을 광질수라고 하는데, 그 물이 땅에서 나오면 이름을 온천수라 부르며 병을 치료할 수 있다. 마실 것 중에 물이 가장 좋아 소화에 이로울 수 있고 성품을 온화하게 한다. 물을 마시는 사람이 장수를 누리는 이가 많기에 물은 양생에 필요한 것이라고 하지만 마실 수 있는 것과 없는 것의 구별이 있으니 만약 끓임에 끓기가 쉬우며 낟알을 넣음에 익히기가 쉬우며 채소를 삶음에 데치기가 쉬우면 마실 수 있는 물이다. 바닷물의 소금을 함유한 것이 지나치게 많은 것은 반드시 증류하여 증기를 이루고 다시 물로 변화하면 음료수가 되는데, 항해하는 자가 바닷물을 마심에 이 방법을 사용하면 석탄 백 근에 대략 물 6~7석을 증류할 수 있을 것이다. 현미경으로써 보면 물속의 미세한 벌레들이 무수히 헤엄치므로 물이 탁한 것은 모래나 숯 등 두 가지 것으로써 첩첩이 층을 만들어 거른 후에 사용한다.

제16과 지구

지구라 함은 무엇을 말하는 것인가? 하늘에 별의 종류가 2종이 있으니 그 위치가 일정불변한 것을 항성이라 하고 태양을 둘레삼아 도는 것을 행성이라 한다. 지구는 행성의 하나이다. 형체가 둥근 것이 공과 같은 까닭에 지구라고 하는데 곧 우리 사람이 사는 대지 전체이다. 5대양과 5대주가 이 지구상에 위치하는데 몸체가 동서는 직경이 더 길고(7,925마일) 남북은 직경이 더 짧아(7,899마일) 타원체라고 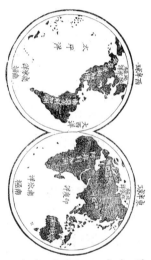 한다. 지구는 항상 움직이고 쉬지 않아서 중심의 직선으로 축을 삼아 매일 서로부터 동으로 향하여 1주를 회전하면 1주야를 이루는데 이것을 일동 또는 사전이라고 한다. 또 지구가 태양을 돌아 365일과 또 6소시를 지나 1주하면 1년이 되는데 이것을 연동 또는 공전이라고 한다.

제17과 5대양 5대주

　지구를 구획하여 동서로 나누어 동반구와 서반구라 하고, 전체 지구를 둘러서 모두 물이 모인 곳이 있다. 그 큰 바다를 나누면 5가지가 있으니 아시아주로 말미암아 동으로 아메리카주에 이르기까지는 태평양이 있고, 구라파주와 아프리카주로 말미암아 서로 아메리카주에 이르기까지는 대서양이 있고, 아세아주의 남쪽과 오세아니아주의 서와 아프리카주의 동에는 인도양이 있다. 남북 양극에는 남빙양과 북빙양이 있는데 기후가 심하게 추워서 한 해가 다가도록 쌓인 얼음이 풀리지 않으므로 사람의 자취가 거의 닿지 않는다. 오대양의 사이에 동반구에는 4대주가 있는데 아시아주, 구라파주, 아프리카주, 오세아니아주이니 이를 구세계라 하고, 서반구에는 1대주가 있는데 남북아메리카주이니 이것을 신세계라 한다.

제18과 아시아주

아시아주는 곧 우리가 사는 동양이니 오대주 중에 가장 큰 것이다. 동으로는 태평양을 임하고, 남으로는 오세아니아주(또는 호주라고 한다)를 접하고, 서남으로는 인도양을 가로지르고, 서로는 이프리카주와 구라파주를 경계로 하고, 북으로는 빙양에 닿는다. 개벽이 가장 일러 문화로써 5주 중에 제일이었는데 최근 백 년이래로 아라사10)는 북에 웅거하고 영길리11)는 남에 뛰어나다. 그 밖에 법란서,12) 덕의지13) 등 여러 나라도 또한 다시 잠식14)하고 호서15)하니, 아시아주의 큰 나라로 인도, 서장, 파란16)과 작은 나라로 안남,17) 면전18)과 같은 여러 나라가 하나도 남아 있는 것이 없다. 오직 우리 대한과 지나19)와 일본의 삼국이 아직 존재하여 동양의 정족20)이라

---

10) 러시아의 음역어.
11) 영국의 음역어.
12) 프랑스의 음역어.
13) 도이칠란트, 곧 독일의 음역어.
14) 누에가 뽕잎을 먹듯이 점차 조금씩 침략하여 먹어 들어감.
15) 호랑이가 씹어 먹듯이 침략하는 것을 비유함.
16) 폴란드의 음역어.
17) 베트남의 음역어.
18) 미얀마의 음역어.
19) 차이나, 곧 중국의 음역어.

부른다. 아아! 우리 대한도 작금 위기가 지극하니 노력할 일이다. 청
년아!

---

20) 옛날 솥의 일종인 정의 밑 부분에 달린 세 개의 발.

제19과 가난해도 부지런히 배우기

경성의 길거리에 12~13세쯤 되는 한 아이가 있었는데, 의복은 남루하고 두 발은 맨발이었다. 각종 신문을 소지하고 노상에서 소리내어 팔았는데, 한 노인이 그 모습을 보고 가련히 여겨 물었다. "네 나이가 아직 어린데 무슨 까닭에 이 일을 하느냐?" 아이가 답하여 말했다. "제 집안에 오직 모자 두 사람뿐인데 심히 가난하여 학교에 가려고 하나 학비를 마련하기 어려우므로 이 일에 종사하여 돈을 얻으면 학비로 내고자 합니다." 노인이 말했다. "네가 이미 이 일을 하는데 또 어느 여가가 있어 학교에 갈 수 있느냐?" 동자가 말했다. "제가 매일 반드시 일찍 일어나 각 신문사의 신문을 길거리에 팔면 약 2소시가 걸립니다. 까닭에 학교에 가고 오직 낮에는 겨를이 없는 까닭에 수업에 마땅히 예비 및 복습할 사람은 모두 야간에 합니다." 말하는 중에 갑자기 말했다. "9점 종이 이르려 하니 급히 학교에 갑니다." 노인이 말했다. "네가 아직 팔지 못한 신문이 아직 많으니 어찌 하려느냐?" 동자가 말했다. "또한 어쩔 수 없지요." 노인이 애처로이 그 말에 감동하여 말했다. "좋구나! 네가 부지런하고 고생함이 이에 이르니 다른 날에 될 바를 알 수 있겠다." 이에 그 나머지 신문을 다 사고 아이로 하여금 학교에 속히 가게 하였다.

제20과 섬을 찾아 기이한 공을 세움

  옛적에 서양인은 서반구에 남북아메리카주가 있음을 알지 못하였다. 구라파주에 한 이름난 사람인 콜럼버스가 있었는데 지리학을 연구하여 항상 말했다. "지구는 바로 둥근 것이다. 만약 반구에 땅이 있고 반구에는 다 바닷물뿐이라면 무게가 균등하지 않아 회전하기가 불가능하다." 까닭에 태평양을 향하여 넓은 땅을 찾았다. 이때는 화륜선이 없어서 다만 범선을 사용하였는데, 주행한 지 수 년 동안 땅을 보지 못하고 양식이 떨어지려고 하였다. 동행인이 돌아갈 것을 권하였는데 받아들이지 않으니 여러 사람들이 모두 원망하여 콜럼버스를 바다에 던지려고 하였다. 그런데 갑자기 새 한 마리가 날아옴을 보고 그는 곧 사람들에게 말했다. "이곳이 마땅히 해안과 떨어짐이 멀지 않을 것이다. 그렇지 않으면 이 새가 어느 곳에서 깃들어 살겠는가?" 다시 간지 몇 일만에 과연 한 대지를 발견하고는 드디어 국왕에게 돌아와 보고하였다. 개척하고 도시를 이루니 이것이 곧 아메리카주이다. 지금 미국인은 콜럼버스의 공을 숭앙한다.

제21과 등대

등대의 설치는 해변이나 바다의 암초 위이다. 선박이 밤에 왕래할 때 혹여 암초에 부딪히거나 모래와 진흙에 빠질까 염려하여 이것을 설치한 것이다. 만약 등대의 빛이 없으면 바다 가운데 위험한 곳을 암흑 중에 분변하기가 실로 어렵다. 비유하건대 세상은 바다와 같고 사람은 배와 같고 서적은 등대와 같다. 사람이 세상에 있으면서 서적으로 지식을 계발하지 않으면 위험의 근심을 면하기 어려울 것이니, 일반 청년은 마땅히 서적으로써 도를 구하는 등탑을 삼을 일이다.

제22과 태종우[21]

　우리 태종께서 애민하시는 성스러운 생각이 간절하시어 질병이 위독하셨는데, 여전히 가엾게 여기시고 가뭄으로 근심을 삼으시어 말씀하셨다. "지금 가뭄이 이와 같이 심하니 농가에서 매번 이 달(곧 5월)을 당하면 가뭄을 고민한다. 내가 죽으면 마땅히 상제에게 보고하여 비를 내리게 하리라." 드디어 붕어하셨는데 이 날에 과연 큰 비가 내리니 곧 임인년 여름 5월 10일이다. 이로부터 매년 이 날이 되면 반드시 세차게 비가 내렸으므로 민간에서 이름 불러 '태종우'라 하였다. 그 후에 이 일을 노래로 기려 가사에 실었고 과거 시험 문제에 출제하였다.

---

21) 음력 오월 초열흘날에 오는 비. 조선 태종 때에 날이 몹시 가물었는데, 태종이 병으로 누워 있다가 "내가 죽으면 하늘에 올라가 비를 내리게 하겠다."라고 한 후 5월 10일에 죽자 정말 비가 내려 해갈되었다는 데서 유래한다. 이 비가 내리면 그해 풍년이 든다고 한다.

제23과 활자를 주조함

　우리 태종께서 일찍이 말씀하셨다. "우리 나라는 서적이 미비하여 비록 널리 열람하게 하려고 해도 판각이 용이하지 못할 뿐더러 닳아 없어지기 쉬우니 마땅히 구리를 녹여 활자를 주조할 것이다." 드디어 시경, 서경과 좌전의 활자를 본받아 활자를 주조하시고, 이에 각종 서적을 인쇄하고 반포하여 전국에 널리 퍼지게 하였다. 그 후에 이를 정해자라 부르고, 세종 경자년에 다시 작은 글자를 주조하시니 이름을 경자자라 하고, 또 수양대군(세조)에게 명하시어 강목22)의 큰 글자를 써서 구리로 활자를 주조하라 하시니 곧 강목을 인쇄하고 반포한 사정전 훈의의 활자가 이것이고, 임자년에 또 안평대군 용에게 명하시어 글자를 써서 주조하시니 곧 임자자이고, 세조가 강희안에게 명하시어 글자를 써서 고쳐 주조하시니 곧 을해자이고, 그 후에 정난종이 쓴 을유자가 있고, 성종조에 신묘자, 계축자가 있으니 실로 세계 만국에서 활자의 효시가 된다.

---

22) 주희가 편찬한 중국의 역사서인 『통감강목(通鑑綱目)』의 준말.

제24과 와신상담

옛날 중국 춘추시대에 월왕 구천이 오왕에게 전쟁에서 패배함을 당하여 월나라는 오나라에 신하국으로 복속되었다. 월왕이 항상 원수를 갚고 부끄러움을 씻겠다는 생각을 품어 피곤하면 땔나무 위에 눕고 목마르면 돼지쓸개를 맛보았는데, 침소를 감히 편하게 하지 않고 먹기를 감히 배부르게 하지 않으며 하루도 오나라의 원수를 잊지 않았다. 그 후에 끝내 오나라를 멸망시키고 제후국의 패권을 잡았다. 아아! 열강의 능욕을 당한 자는 나라의 군주만 그러할 뿐 아니다. 그 나라의 백성이 된 자도 또한 와신상담의 뜻을 잊지 말아서 고통을 참으며 분발하여 사람마다 자강의 도리에 전진하여 그치지 않으면 국권이 공고해지는 날을 볼 수 있을 것이다.

제25과 도박을 경계함

무릇 사람이 세상에 처신함에 정치 일이 있는 자는 정치에 힘쓰고, 집안 살림이 있는 자는 살림에 힘쓰고, 학업을 닦는 자는 학문에 힘쓴다. 농업에 종사하는 자는 농사에 힘쓰고, 공업이나 상업이나 또는 다른 사업을 경영하는 자는 각기 그 사업을 힘쓸 일이다. 사무가 없을 때에도 또 하나씩의 기술과 일로써 세월을 낭비하지 아니함이 옳다. 어찌하여 도박을 즐기는 사람은 자신과 집안을 헤아리지 않고 생명을 돌보지 않는가. 처음에는 타인의 재물을 탐하여 구덩이에 빠져들 듯 하다가 끝내는 아까운 감정이 생겨나 망령되게 본전 회복을 생각한다. 그러다가 돈주머니가 텅 비고 재산이 소진되며 가산을 탕진하고 일을 망치는 데에 이른다. 대개 가까운 벗과 친척이라도 도박장에 한번 들어가면 짧은 시간에 얼굴을 돌리고 한 푼의 득실로 성내고 욕하기를 서로 더한다. 원한을 맺으며 원수가 됨이 이보다 심한 것이 없으니 부형과 스승된 자는 가장 엄금할 바이니라.

제26과 개무덤의 노래

전라도 남원군에 오수역이 있었다. 옛날에 김개인이라 하는 사람이 개 한 마리를 기르되 심히 사랑하였다. 하루는 출행할 때 개도 또한 따라 나섰다. 개인이 술에 취해 길 가에서 잠에 들었다. 마침 들불이 일어나 미치거늘 개가 그 몸을 냇물에 적시어 불이 미치지 못하게 하다가 기력이 다하여 스스로 죽었다. 개인이 술이 깨어 개의 자취를 보고 크게 느끼어 노래를 지어 슬픔을 토로하고 정성스럽게 묻고 지팡이 심어서 그 뜻을 기리었다. 지팡이가 싹을 내 나무로 성장하는 고로 이로 인하여 오수역이라 부르니 지금 악부에 개무덤의 노래가 있게 된 것이다. 대개 남의 밥을 먹고 환난에 처해서 몸으로써 구제하지 아니하는 자는 이 개만도 못한 자이다.

제27과 황금을 던진 나루

고려 공민왕 때 백성 중에 형제가 있어서 함께 가다가 황금 한 덩이를 주었다. 그 반으로써 나누어 갖고 공암진[23)에 이르러 함께 배를 타고 건널 때, 반쯤 미치어 아우가 갑자기 황금을 꺼내어 물에 던졌다. 형이 괴이히 여겨 물었다. 아우가 말하였다.

"내가 평일에 형님을 사랑함이 심히 두터웠더니 오늘 황금을 나누고 보니 홀연히 시기하는 마음이 싹트기 시작했습니다. 이는 상서롭지 못한 물건이라 강에 던져서 잊어버리는 것만 같지 않습니다."

형이 말하였다.

"네 말이 진실로 옳도다."

형 또한 황금을 물에 던지니 그 나루를 투금진이라 불렀다. 세상에 재물의 이익으로 말미암아 형제간에 우애를 상하고 반목함에 이른 자들은 이를 경계할 지어다.

---

23) 현재의 서울시 강서구 개화동 강안에 있던 나루터로서, 한강 하류의 교통 요지이다.

제28과 영오[24)]

문효공 윤효순[25)]은 남원 사람이다. 그 아버지 윤처관이 의정부 녹사[26)]가 되어 맑은 첫새벽에 상공 박원형의 집에 찾아가 투자[27)]하니 문지기가 상공이 주무신다 사양하고 알리지 아니하였다. 날이 저물어 굶주리어 고달픔으로 집에 돌아가 효손에게 일러 말하였다.

"내가 재주가 없어서 욕을 당함이 이와 같으니 너는 모름지기 학업에 힘써서 네 아비와 같이 되지 말라. 효손이 그 명자[28)]의 끝에 한 시를 지었다.

"재상께서 깊이 단잠을 주무시는 중에 해는 중천에 떴으니, 문 앞의 명함에는 털이 났구나. 꿈에 만약 주공성인이 보았다면, 모름지기 올해의 토악질을 물으리로다."[29)]

다음날 아침에 그 아버지가 그 명함을 살피지 아니하고 또 가서

---

24) 남보다 뛰어나게 영리하고 슬기로움.

25) 문효공 윤효순(1431~1503)은 남원 태생으로 문과에 장원 급제하여 예조정랑을 거쳐 좌참찬으로 73세에 별세하였다. 조정에서는 이틀간 조회를 철폐하리만큼 효성과 애민 정신이 극진한 관리였다. 『경국대전』과 『세종실록』 편찬에도 참여하였다.

26) 고려와 조선 초기에 중앙의 여러 관서에 설치된 하위 관직.

27) 처음으로 윗사람을 만날 때 미리 명함을 드림.

28) 명함.

29) "相國酣眠日正高 門前刺紙已生毛 夢中若見周公聖 須問當年吐握勞." 일부 자료에서는 마지막 절구의 '間'이 '門'으로 표기된 자료가 있다.

명함을 드리니, 상공이 그 시를 보고 맞이하여 물었다.

"이 시는 네가 지은 것이냐?"

처관이 놀라서 두려워하며 처리를 잘 못하였다. 그 글자의 모양을 살피니 그 아들의 필체였다. 마침내 사실을 알리니 상공이 효손을 불러본 즉 그 영리함과 슬기로움이 범상치 아니하였다. 상공에게는 어린 딸이 있어서 바야흐로 사윗감을 고르고 있었다. 상공이 그 부인에게 "내가 오늘에야 참하고 훌륭한 사위를 얻었도다."고 이르렀다. 부인이 말하였다.

"불가하옵니다. 내 딸을 어찌 녹사의 아들과 더불어 혼인하리오."

상공은 듣지 아니하고 마침내 성혼하였다. 후에 과연 명재상이 되었다.

제29과 아버지를 구하다

김규[30]는 조선 성종 때의 사람이다. 그 아버지가 죄가 있어 옥에 갇히자 죄인의 자제가 그 아버지를 위하여 상소를 올려 애걸하였다. 임금이 크게 노하여 말하였다.

"저 사람들 아무렇게나 함부로 굴어 죄에 빠졌거늘, 또한 오로지 어린 그 자제로 하여금 상소를 함부로 올리니 더욱 사무치도록 악하도다."

아울러 모두 잡아들이라 하시니 여러 사람들이 다 흩어져 달아났으되 오직 김규만 도망하지 아니하여 잡히게 되었다. 임금이 물었다.

"네가 어린아이로써 홀로 도망하지 않음은 무슨 까닭이냐?"

대답하여 말하였다.

"신이 아버지를 구하기 위하여 글을 올렸거늘 어찌 감히 도망하겠나이까?"

임금이 말하였다.

"이 상소는 누가 지었느냐?"

"신이 지은 바입니다."

---

30) 조선 중기의 문신.

임금이 말하였다.

"누가 쓴 것이느냐?"

"신이 쓴 바입니다."

임금이 말하였다.

"너의 나이가 몇 살이뇨?"

"십 삼세입니다."

또 물었다.

"너의 아버지는 누구이느뇨?"

"감찰 김세우입니다.

임금이 말하였다.

"만약 기만하면 죄를 용서하지 않으리라."

명령하여 가뭄을 근심하는 글을 지으라 하시었다. 김규가 붓을 잡고 곧장 나아가 끝에 써서 말하였다.

"옛날에 동해에 사는 원부[31]도 3년 가뭄을 부르게 하였으니 성스런 군주가 진념하면 성탕[32]의 천리우를 내리게 하는 것이 어렵지 않도다."

임금이 보시고 크게 기이히 여기시어 어필로 써서 말하였다.

"너는 글에 능하고, 또한 글씨에 능하니 네 글을 보고 네 아비를 방면하며 네 글씨를 보고 네 아비의 동료들도 방면하노니 효를 충으로 바꾸어라.

임금이 여러 수인들을 특별히 방면하시었다. 후에 김규는 사마시에 합격하고 문과에 장원 급제하여 관직이 판관에 이르렀다.

---

31) 원망을 품은 여자.

32) 중국 은(殷)나라의 초대 임금.

제30과 의로운 개가 도둑을 보고 짖다

사람은 직분이 있으면 그 직분을 반드시 다함이 의무이다. 개도 능히 밤을 지키는 것이 그 한 도리이다. 옛날에 부자가 있었는데 늙은 삽살개를 기르고 있었다. 하루는 밤에 도둑이 집에 들어가거늘 삽살개가 노하여 힘을 다해 짖으니 도둑이 미끼를 던져 삽살개가 먹게 하였다. 도둑의 의중은 삽살개가 먹이를 탐하여 짖지 않기를 바라는 것이었다. 삽살개가 먹을 것을 돌아보지 아니하고 한결같이 사납게 짖어댐으로 늙은이가 단꿈을 먼저 깨서 도둑에게 물건을 잃어버리는 것을 면할 수 있었다. 저 봉토를 받은 신하나 나라를 지키는 장수로써 국경을 침범함을 보고도, 보낸 뇌물을 탐하여 방어를 소홀히 하며, 혹은 성지를 남에게 넘겨주는 자는 이 늙은 삽살개만도 못하다.

제31과 **추석**

우리나라 풍속에 8월 15일을 추석이라 칭함은 신라 때에 처음 시작되었다. 그 본디 유래를 거슬러 올라가 고찰하건대 신라 유리왕 때에 왕이 6부에 명하여 왕녀 두 사람으로 하여금 부내 여자를 각기 거느리고 좌우로 대열을 나누어 7월 16일부터 매일 일찍 궁내에 모여 베를 짜되 을야[33]에 파하게 하고, 8월 보름날에 이르러서 그 여자들의 공의 많고 적음을 살펴서 등수를 매겨서 패한 자는 술과 음식을 마련하여 드렸다. 이날은 가무와 온갖 놀이를 하고 추석이라 불렀다. 이때 진 쪽의 한 여자가 춤을 추며 탄식하여 말하기를 "회소라"하니 그 소리가 슬프면서 우아하고도 처절하였다. 후에 사람들이 그 소리로 인하여 노래를 지으니 그 이름을 "회소곡"이라 불렀다.

---

33) 하룻밤을 다섯으로 나눈 그 둘째. 밤 9시부터 11시 사이.

제32과 대악[34)

신라 자비왕 때에 백결 선생이 있었으니 집이 가난하여 의복을 여러 번 얽어맴으로 인하여 호를 지었다. 항상 거문고 한 장[35)을 마음 가는 대로 다루어 무릇 기쁨과 노여움과 슬픔이 있으면 모두 거문고로써 널리 펴더니 섣달그믐을 맞이하여 이웃 마을에서 모두 미곡을 절구질하였다. 그 아내가 절굿공이 소리를 듣고 울면서 말하였다.

"다른 사람들은 모두 곡식을 찧거늘 나만 홀로 없도다. 무엇으로써 세월을 마칠까."

선생이 탄식하여 말하였다.

"생사의 운수가 있고, 부귀는 하늘에 있으니 그대는 애태우지 말라."

이에 거문고를 타서 절굿공이 소리를 내며 그 아내를 위로하니 세상 사람이 이를 전하여 '대악'이라 불렀다. 이는 가난을 즐기고 분수를 지키는 달사[36)라 하리로다.

---

34) 신라 20대 자비왕 때 백결 선생이 지었다는 노래. 지금은 전하지 아니함.
35) 금슬(琴瑟)을 세는 단위.
36) 이치에 밝아서 사물에 얽매여 지내지 않는 사람.

제33과 게으름을 경계하다

하늘이 사람을 태어나게 함에 그 본분의 의무를 마땅히 스스로 다할 것이다. 학생은 학업을 다할 것이다. 졸업한 후에는 생활의 사업에 진력할 것이다. 옛날에 한 농부가 있어서 천성이 심히 게을렀다. 하루는 날씨가 청명하거늘 그 아내에게 일컬어 말하였다.

"농사철이 되었으니 때를 놓쳐 갈지 아니하면 음식이 모자람을 면하기 어려울 것이니, 내일은 밥을 일찍 먹고 밭에 나가 반드시 밭을 갈고 씨를 뿌리리라."

다음날 밥을 일찍 먹고 농기구를 꾸려서 장차 밭에 나가려 할 때, 갑자기 이웃 사람이 와서 모여서 술을 마실 것을 요청하였다. 농부가 반나절이나 의심하고 주저하다가 곧 결연히 말하였다.

"오늘 가서 술을 마시는 것이 무슨 해가 있으리오. 내일 밭을 갈고 씨를 뿌려도 늦지 않도다."

이에 달려가 술을 마시었다. 다음날에는 숙취가 풀어지지 아니함으로 쓰러져 누워서 능히 일어나지 못하고 이에 말하기를 "명일을 잠시 기다리리라. 또 다음날에는 하늘이 음산한 비를 내려 밭을 갈고자 하나 할 수 없고, 또 다음날은 하늘은 비록 맑으나 소가 아파서 일할 수 없으니 소가 병이 나을 때를 기다렸다. 또한 특히 다른 사고

가 있어서 외지에 나아갔다가 돌아온 즉 논밭을 갈고 씨를 뿌리는 시기가 이미 지났음으로 올해의 농사는 흉년에 이르렀도다." 하였다. 오호라! 인생이 세상에 있으니 지금 내일 일을 어찌 알리오. 마땅히 해야 할 것은 즉시 하는 것이 옳다. 학생이 학업에 종사함도 농부의 경작과 같으니 하루라도 미루면 이 농부와 같이 시기를 놓친 탄식이 없을는지 어찌 알리오. 청년은 마땅히 이를 깊이 경계할 일이다.

제34과 목주곡[37]

고려 때에 목주[38]에 한 효녀가 있어서 아버지와 그 계모를 섬겨 효녀 소리를 들었다. 그 아버지가 계모의 참소에 미혹하여 딸을 쫓아내되 딸이 차마 떠나지 못하고 머물면서 부모를 더욱 부지런히 봉양하는 일에 게을리 하지 않았다. 그러나 부모가 더욱 노하여 또 쫓아내거늘 딸이 부득이 작별을 하고 떠났다. 한 산중에 이르니 석굴 속에 한 노파가 있거늘 그 간곡한 마음을 하소연하고 몸을 의지하고 지내기를 청하였다. 노파가 불쌍히 여겨 허락하거늘 여자가 부모를 섬기는 일로써 섬긴 즉 노파가 그녀를 사랑하여 그 자식으로써 장가 들게 하였다. 부부가 협심하고 근검하여 부자가 되었다. 여자가 그 부모의 생계가 심히 가난하다는 것을 듣고 그 집으로 맞이하여 부모를 봉양하였다. 부모가 오히려 기뻐하지 아니함으로 효녀가 노래를 지어서 스스로를 원망하니 그 소리가 애절하였다. 고려 악부에서 목주곡을 전하여 효도를 면려한다.

---

37) 연대·작자 미상의 노래로 지금의 천안 지역에 살던 처녀가 지은 것으로 전해진다. 일설에는 신라 시대에 지어진 노래로 보기도 한다. 또한 이 노래를 일부에서는 고려 속악(俗樂)의 하나였던 『사모곡(思母曲)』으로 보기도 한다.
38) 목천. 지금의 천안시.

제35과 두 쟁기

어떤 농부의 집에 두 쟁기가 있으니 하나는 광명함이 거울과 같고, 나머지 하나는 암회[39]해서 녹이 난 것과 같았다. 곁에 사람이 물었다.

"이 두 쟁기가 동일한 농기구로되 광명과 암회로 같지 아니하니 어찌 이와 같으뇨?"

"이는 다른 것이 아니라 땅을 김매는 일에 있어서 부지런함과 그렇지 않음에 있습니다."

이 말을 보면 부지런함과 게으름의 구별을 알 것이다. 무릇 사람이 힘을 써서 부지런한 즉 신체가 강해져서 온갖 병이 생기지 아니하며 마음을 쓰는 일에 부지런한 즉 지혜와 생각이 열려서 학문이 이루어지지 아니함이 없다. 그러므로 나태는 덕을 해칠 뿐 옳지 아니하니 그 몸을 반드시 해친다. 옛날에 대우[40]는 성인이로되 촌음도 소중히 여긴 즉 우리들이 가히 힘쓰지 아니하리오.

---

39) 거무스름함.
40) 중국 고대의 성왕(聖王)인 '우왕'을 높여 이르는 말.

제36과 목화

우리나라의 고대에는 누에와 뽕을 숭상해서 견사[41]로 명주를 짜며 비단과 모시와 삼과 칡 등의 천으로 의복의 쓰임에 이바지하였다. 고려 공민왕 때 강성군 문익점이 몽고에 봉사[42]하여 죄로 운남에 귀양을 갔다. 그 땅은 목화의 산출이 풍성하였다. 그러나 그 종자를 타지방으로 이식하는 것을 금하므로 문공이 목화씨를 붓대에 몰래 숨기었다가 본국으로 귀국해서 장인 정천익에게 부탁하여 씨를 북돋아 기르게 하였다. 처음에는 배양의 기술을 깨닫지 못해서 씨가 끊어져 거의 없어질 경우에 이르렀더니 줄기가 겨우 존재하여 3년이 지난 후에 다행히 번성해서 널리 퍼졌다. 이로부터 마침내 전국에 보급되어 옷을 입는 일에 대한 공이 매우 컸다. 지금 우리나라의 목화가 품질이 매우 양호하여 세계에서 두드러지게 칭찬하기를 미국의 목화와 비등하다

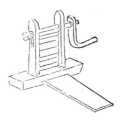

直核去

車綿繰

---

41) 누에고치에서 켠 실.

42) 사신으로서 명령을 받듦.

하는 바이다. 문공이 또 거핵거[43]와 소사거[44]를 비롯하여 방직[45]에 이바지하고 그 손자 문래가 물레의 제조를 더욱 확장한 고로 풍속에서 물레를 명명하여 문래라 칭한다.

---

43) 씨아. 목화의 씨를 빼는 기구.
44) 고치로 실을 켜는 물레.
45) 실을 뽑고 천을 짜고 물을 들이는 일을 통틀어 이르는 말.

제37과 가야금

　가야금은 변한의 현악기이니 지금까지 우리나라에만 전래하는 옛 현악기이다. 옛날의 대가야국왕 가실이 당나라의 악기를 보고 지혜를 내서 가야금을 만들고 악사 우륵에게 명하여 12곡을 짓게 했다. 후에 우륵이 장차 그 나라의 어지러움을 보고 가야금을 가지고 신라에 투항하였다. 신라 진흥왕이 국원46)으로 안치하여 주지·계고·만덕 등 세 사람을 보내 그 일을 전수받게 하였다. 세 사람이 11곡을 이미 통함에 서로 일컬어 말하였다.

　"이 음악은 번잡하며 또한 음란하니 가히 우아하게 하리라."

　세 사람이 약속하여 5곡으로 만들었다. 우륵이 처음 듣고는 노하더니 더불어 그 음악을 듣고 눈물을 흘리며 탄식하여 말하기를 "즐거우나 방탕하지 아니하며 슬프나 음란하지 아니하니 가히 바르다." 하고 왕에게 아뢰었다 하니 실로 우리나라의 옛날 악기이다. 지금 충주 대문산에 우륵의 탄금대가 있다.

---

46) 지금의 충청북도 충주.

제38과 멧돼지가 감을 찾다

　무릇 사람이 도리를 따르면 편안하고 욕심을 쫓으면 고달프다. 일찍이 보건대 한 멧돼지가 있어서 감나무 아래에서 항상 노닐 때 감이 많이 떨어지는 것을 보고 날마다 먹기를 구하였다. 하루는 적연히[47] 바람이 없어서 감이 떨어지지 않거늘 멧돼지가 땅을 두루 돌아다니면서 찾다가 그 부리로 땅을 쳐 큰 구덩이를 이루었으되 감 하나도 얻을 수 없었다. 저 멧돼지는 감이 땅속에서 밖으로 나오는 것으로 알고 나무 위에서 만들어져 바람으로 인하여 떨어지는 것을 알지 못했다. 헛되이 애만 쓰고 아무런 이로움이 없었다. 아아! 세상 사람들이 요행을 바라고 하루 종일 개처럼 구차하고 파리처럼 날아다니며 그 녹봉의 이로움을 구하는 자는 이 멧돼지와 같지 아니한 자가 거의 드물도다.

---

47) 조용하고 고요히.

제39과 글자를 인쇄하다

고대에는 종이와 붓이 없어서 글을 기록하는 자는 반드시 죽간을 엮어서 칼로 새기거나 혹은 글로 써서 통독에 도움이 되게 했다. 진나라 때 몽념48)이 토끼의 잔털로 붓을 처음 만들었고, 동한49) 때에 채륜50) 닥나무와 뽕나무로 종이를 처음으로 만들어 사본으로 된 책이 비로소 존재하게 되었으나 굴자를 인쇄하는 방식은 있지 아니하고, 단지 경전을 돌에 새기는 방식만 존재하였다. 오대51) 때에 이르러 화옹52)이 목판에 조각하여 글자를 인출53)하니 이로 인쇄판이 시작되었다. 서기 1436년에 독일인 구텐베르크가 활자를 창조하고 1468년에 이르러 그 사위 후메리54)가 연필을 개조하고 그 후 미국에서 인쇄 장치를 창제하니 곧 활판의 시작이었다. 후에 다시 화륜

---

48) 진나라의 장수로 B.C.221년 제(齊)나라를 멸망시킬 때 큰 공을 세움.

49) 서한(西漢)이 멸망한 이후 한 왕조의 일족인 광무제(光武帝) 유수(刘秀)가 부흥시킨 왕조로 낙양에 도읍을 정하여 이전의 도읍인 장안보다 동쪽에 있어 동한(東漢)이라 불림.

50) 중국 후한의 관리(?~121). 종이 제법(製法)의 대가로, 수피(樹皮)·마포(麻布)·어망(魚網) 따위로 채후지(菜侯紙)라는 종이를 만들었다.

51) 중국에서, 동진(東晉)이 망한 뒤부터 당나라가 건국되기 이전까지의 과도기에 흥망한 다섯 왕조. 남조(南朝)의 송(宋), 제(齊), 양(梁), 진(陳)과 남북을 통일한 수(隋)를 이른다.

52) 목판 인쇄술을 창조한 인물로 알려졌다.

53) 책판(冊板)에 박아 냄.

54) 구텐베르크의 인쇄 공장 재건에 도움을 준 인물로 알려졌다.

방식으로 순식간에 수천 수만 부를 찍어내 신속함이 비할 데 없었다. 지금 또한 석인55)으로 글자를 인쇄하는 방식이 있어서 그 편리함이 옛날보다 백배는 더 좋다.

---

55) '석판 인쇄'를 줄여 이르는 말로 오프셋인쇄의 근본이 된 기술이다. 1796년 독일인 A. 제네펠더가 발명하였다. 우리나라에서는 1920~1930년대에 보급되다가 그 후 거의 사용하지 않았다.

제40과 일에 독실하라

우리나라 조선 세종 때에 임성정[56]은 임금의 친족으로써 음율을 잘하고, 거문고를 잘 탔다. 그 집이 숭례문 밖에 있어서 매일 일찍 일어나 문지방에 걸터앉아 좌우의 손을 번갈아 들며 거듭 무릎을 가볍게 두드렸다. 이와 같이 한 지 삼 년이니 사람들은 그를 미친 사람으로 여기되, 오히려 그치지 아니하여 마침내 장구에 능통하였다. 또 피리 불기를 배울 때에는 피리가 입에서 떨어지지 않았고, 손가락을 솜씨 있게 다루어 주야로 그치지 아니하였다. 혹 사람이 찾아와도 보지 못한 체하더니, 이와 같이 삼 년 만에 피리 불기에 정통하였다. 또한 사람됨이 파리하고 약해서 궁술과 마술과 같은 무예가 부족함을 항상 한스럽게 여겨 매일 일찍 활과 화살을 가지고 산에 올라 종일토록 말달리기와 활쏘기를 익힌 지 삼 년에 궁술과 마술의 기예에 능통하여 활쏘기로써 세상에 이름을 날렸다.

사람이 일을 배움에 있어 이와 같이 근면하게 독실할진대 무슨 일이든지 불통[57]함이 있으리오.

---

56) 조선 제2대 임금인 정종(定宗)의 11남으로 생몰년은 미상이다. 세종 때 임성정(任城正)으로 봉해졌고, 1871년(고종 8년)에 임성군(任城君)으로 추증되었다. 성품이 온순하여 사람들로부터 추앙받았다.
57) 달통하지 못함. 혹은 익숙하지 못함.

제41과 결백한 지조(志操)

문간공 유관58)은 조선조 태종 때 사람이다. 그 집이 본디 가난하니 사는 곳이 모옥형문59)에 불과하였다. 재상이 되자 사람이 방문하여 그 집의 대문과 담장을 쌓을 것을 권하였다. 유관이 말하였다.

"지금 내가 재상이 되어서 공사에 이로움을 더하지 못하고 사사로이 내 집의 대문을 먼저 쌓는 것은 옳지 아니하다."

매양 장마 때를 맞이하면 지붕이 새서 비가 내리는 것 같았다. 유관이 우산을 들고 비를 피하다가 탄식하여 말하였다.

"우산도 없는 집은 견뎌내기 어렵겠구나."

그 부인이 말하였다.

"우산이 없는 사람은 가옥이 반드시 좋을 것입니다."

재상을 돌아보며 웃었다.

재상의 지위에 있으면서 그 청렴하고 개결함이 이에 이르렀거늘 저 크고 너르게 잘 지은 집에 사죽60)이 떠들썩하게 가득한 자는 유

---

58) 문관공 유관(1346~1433)은 고려 말·조선 초의 문신으로 조선의 개국원종공신이 되어 대사성·형조전서·대사헌 등을 지냈다. 성품이 소탈하고 청렴결백하여 황희(黃喜)·허조(許稠)와 함께 세종대의 대표적인 청백리로 꼽힌다.

59) 허술한 대문과 띠나 이엉 따위로 지붕을 인 초라한 집. 흔히 은자(隱者)가 사는 곳을 비유적으로 이르는 말.

관의 소식을 들으면 어찌 죽을 만큼 몹시 부끄러워하지 아니하리오.

---

60) 관현(管絃). 곧 관악기와 현악기를 아울러 이르는 말.

제42과 계자서[61]

제갈량은 중국의 삼국시대에 촉한의 승상이 됨에 나라를 위해 몸과 마음을 다하여 끝까지 힘을 다할 뜻을 품고 한나라를 회복하고자 하다가 뜻을 이루지 못하고 군중[62]에서 죽음으로써 아주 오랜 세월 동안 영웅의 눈물을 금치 못하게 하는 사람이었다. 죽음에 임하여 그 아들 첨(瞻)에게 계서를 보내어 말하였다.

"군자의 행실은 고요한 마음으로 몸을 닦고, 검소함으로 덕을 기르는 것이다. 마음이 담백하지 아니하면 뜻을 밝힐 수 없고, 마음이 평온하지 아니하면 뜻을 멀리 이룰 수 없느니라. 무릇 배움에는 모름지기 마음의 평온함이 필요하며, 재능은 모름지기 배움을 필요로 한다. 배움이 아니라면 재능을 넓힐 수 없고, 마음의 평온함이 아니면 배움을 이룰 수 없다. 마음이 태만해지면 정밀하게 연마할 수 없고, 조급함에 빠지면 본성을 다스릴 수 없다. 나이는 시간과 함께 달려가고, 뜻은 세월과 더불어 사라지니 마침내 고목처럼 말라갈 것이다. 궁벽한 오두막에서 슬퍼하고 탄식한들 장차 어찌 돌이킬 수 있으랴!

---

61) 제갈량이 54세 때에 여덟 살이었던 아들에게 훈계하면서 쓴 글.
62) 출정해 있는 동안. 혹은 군대의 안.

제43과 태양의 흑점

　사람이 태양을 보고자 하면 그 눈이 필히 부적당하니 망원경을 사용하여 위를 볼지라도 어두운 유리를 낀 흑유리망원경[63]을 사용하여 태양의 둘레를 자세히 관찰하면 태양의 면적에 흑점에 있는데, 동쪽에서 발생하여 14일이 지나면 점점 서쪽으로 가라앉아 내려간다. 또 14일이 지나면 서쪽으로 가라앉았던 흑점이 다시 동쪽에서 발생한다. 이에 둥근 태양을 보면 무릇 28일이 지나면 곧 한 주기를 선회하여 그 점의 크고 작음이 같지 아니하며 많고 적음이 또한 같지 아니하다. 10년, 11년이 지나면 흑점이 반드시 첫번에 서로 충돌이 많아지는 것은 대개 태양열의 힘과 관계하기 때문이다. 설자[64]가 말하기를 "태양열의 힘이 작으면 구름과 비도 적어져 이로 인하여 수확의 흉년이 들고, 태양열의 힘이 많으면 구름과 비도 또한 많아져 이로 인하여 수확의 풍년이 된다." 하니 사람도 열의 힘이 적은 자는 사업을 이룸이 없다.

---

63) 흔히 태양 흑점을 관찰할 때 사용하는 태양면망원경을 가리키는 것으로 보인다. 곧 새까맣게 감광한 필름을 낀 망원경을 사용하는데, 이것을 이 글에서는 '훈흑한 유리를 낀 흑망원경'으로 표현한 것으로 사료됨.

64) 말하는 사람.

제44과 공기

　무릇 공기라 하는 것은 두 물질이 합성한 것이다. 그 하나가 양기[65]이니 양생[66]할 수 있게 하는 것이오, 나머지 하나는 담기이니 양생할 수 없는 것이다. 이 공기가 지면을 에워싸서 높이가 약 150리 정도에 이르니 더욱 높을수록 그 공기가 더욱 엷어지며, 지면에서 더욱 가까울수록 그 공기는 더욱 두터워진다. 본래 무색의 물질로 틈이 없이 매우 **빽빽**하게 퍼지고 쌓여서 짙고 푸른 색을 드러내나 이는 실물이 있는 것이 아니라 곧 공기이다. 만약 경기구를 타고 극히 높은 곳에 이르면 아무런 색도 볼 수 없다. 그러나 공기는 중량이 있어서 우리 머리 위의 직선의 공기 기둥이 1평방촌 중량이 약 20근 이상이 된다. 공기의 압력은 네 면에 균등하다. 공기는 위에서부터 아래로 움직이며, 아래로부터 위로 움직이며 서로 저항한다. 그러므로 인간이 공기의 압력을 깨닫지 못함은 물고기가 물속에 있음과 같다. 그 이치를 간략하게 말하건대, 그릇에 물을 담고 가늘고 긴 대를 가지고 그 대의 한 쪽 끝을 물 속에 넣고, 다른 쪽 끝을 불면 물이 위로 솟는다. 대개 입으로 공기를 불면 대 안의 공기가 나가서

---

65) 심신의 기력이나 원기를 기름.
66) 병에 걸리지 아니하도록 건강 관리를 잘하여 오래 살기를 꾀함.

핍압의 힘이 없게 되고, 수면의 공기 압력은 같은 고로 능히 물을 보내 대에 들어와 입에 오르게 되는 이유이다. 이는 공기 압력의 한 가지를 보여주는 사례이다.

제45과 나침반

나침반이라는 것은 방향을 정하는 기구이다. 나침반 속에 자석이 있어야 일정하지 아니하게 돌되 그 한 쪽 끝은 항상 남쪽을 가리키는 고로 '지남침'이라 한다. 중국 고대에 헌원씨가 처음 발명하여 '지남차'를 만들었다. 그 후 지금으로부터 700년 전에 포르투갈 사람이 그 방법을 터득하여 항해를 개시하여 희망봉[67]에 이르러 인도양에 도달할 수 있었다. 이탈리아인 콜럼버스가 이 방식으로 대서양을 항행하여 미주 신대륙을 발견함이 모두 나침반의 공이다. 만약 지남침이 아니면 망망대해 가운데 어느 곳의 방향을 알 수 있으리오. 그러므로 이 방법이 서양에 이르지 아니한 때는 서양인이 단지 근처 해안을 가까이 하여 다닐 뿐, 먼 곳의 항해는 감히 할 수 없었다. 이 방법을 얻은 이후로는 능히 동양을 통하며 신세계를 발견하고 근세기에 이르러서는 증기의 항해에 이를 이용하여 대양을 지나감이 평지와 같고, 만 리를 가는 것이 지척과 같은 고로 무슨 일을 막론하고 그 가리키는 바를 방침[68]이라 이르니 곧 나침반이 이것이다. 학생도 그 공부에 뜻하는 바를 나침반과 같이 방침을 확정하여

---

67) 남아프리카공화국 케이프주 남서쪽 끝을 이루는 암석 곶(串).
68) 앞으로 일을 치러 나갈 방향과 계획. 혹은 위를 가리키는 자석의 바늘.

조금도 휘어서 고침이 없고, 항상 배움을 향하는 뜻으로써 지남침을 삼음이 옳을 것이다.

고등소학독본 권2 끝

고등소학독본

휘문의숙 편집부 편찬

(원전)

高等小學讀本

卷一

徽文義塾編輯部編纂

高等小學讀本

徽文義塾印刷部刊行

高等小學讀本卷一

第一課　國家

國家는土地와人民으로써成立호者ㅣ니但、土地만有호고人民이無호면國家라稱호기不得호며人民만有호고土地가無호야도亦、國家라稱호기不能호리니土地와人民이俱有호然後에國家라始稱홀지라然호나國家의體는君主國體나共和國體나何에依호던지其統治主權의下에必政府를設立호고法律를制定호야上下秩序가井然不紊호여야

完全호 國家의 地位를 占有호노니 是故로 土
地와 人民이 俱有홀지라도 一定훈 法律이 無
호면 是눈 水草를 逐호야 轉移無常호눈 一野
蠻部落에 不過홀지라 豈 國家의 名稱을 得호
리오

第二課　人民

吾人이 此 國土에 生호얏스니 人民된 權利와
義務를 勿失홀지라 盖 人民이 國家에 對호야
其 法律에 服從홈은 即 第一義務나 特獨立의
精神을 腦髓에 貫徹호야 各 其 國家의 事業을

豐肩에 負擔ᄒ올지니 此負擔으로 由ᄒ야 納稅
의 義務와 兵役의 義務가 有ᄒ올지라 平時에ᄂ
如何ᄒ 生業을 營ᄒ던지 國家에 租稅의 納홈
을 不怠ᄒ올지오 及國難을 遭ᄒ 時ᄂ 干戈를 荷
ᄒ고 戰地에 赴ᄒ야 礮彈을 冒ᄒ고 國恥를 雪
ᄒ며 外侮를 禦ᄒ어 即 國民의 當然ᄒ 義務ㅣ
라 雖然이나 吾人의 身分에 各各 貴重ᄒ 自由
種利를 有ᄒ온 儒敎와 言論과 著書와 集會와
結社와 財産 等이니 此ᄂ 宜人人마다 保維ᄒ
아 其生存上에 自由의 幸福을 享有ᄒᄒ이 即 人

5

民의固有호公權이라謂호느니라

第三課　大韓

我大韓은亞細亞洲의東部에在호야四千餘

大韓國全圖

咸鏡北道
咸鏡南道
平安北道
平安南道
黃海道
江原道
京畿道
漢陽
忠淸北道
忠淸南道
慶尙北道
慶尙南道
全羅北道
全羅南道
濟州
鬱陵島

年前에檀君이國을立ᄒᆞ고王儉城壞今平에都
ᄒᆞ얏더니後에子孫이衰微홈이殷太師箕子
가東來ᄒᆞ샤檀氏를代ᄒᆞ야君이됨이八條의
敎를設ᄒᆞ고禮義의化를敷홈으로人文이肇
開ᄒᆞ니라其後에三韓과三國과高麗를經ᄒᆞ
야我

太祖高皇帝ㅣ開國ᄒᆞ심이孔孟의敎를尊崇
ᄒᆞ샤文化를大闢ᄒᆞ시고聖神이繼承ᄒᆞ샤典
章을大備ᄒᆞ시니風化의文明홈이東方의第
一이라國體는君主의專制로成立ᄒᆞ나實은

立憲의 制度를 用ᄒᆞ신 故로 君主는 主權을 摠攬ᄒᆞ시고 政府에 責任을 委ᄒᆞ샤 政治를 擧ᄒᆞ시며 人民도 國家政治에 與論의 權을 許ᄒᆞ더니 近代에 至ᄒᆞ야는 文弱의 弊로 由ᄒᆞ야 國力이 不振ᄒᆞᆷ에 至ᄒᆞ니 吾人은 先王의 遺澤을 勿忘ᄒᆞ고 祖國의 精神을 奮發ᄒᆞ야 學을 日修ᄒᆞ고 智를 益研ᄒᆞ야써 獨立의 國權을 挽回ᄒᆞᆷ을 努力ᄒᆞᆯ지니라

第四課 愛國心

凡我學生이여 一家는 個人家族의 集合ᄒᆞᆫ 所

이오一國은全體家族의集成혼者ㅣ라故로
國을愛홈은卽自己家族의父母와兄弟와姊
妹를愛홈이오自己의身을愛홈이니人人이
各其自愛心으로從ᄒ야其家를愛ᄒ며其國
을愛ᄒ는心이生ᄒᄂ니此愛國의心이確固
히團結혼즉其國이必強홈으로學生이學校
에入ᄒ야智識을硏ᄒ며德業을修홈은他日
國家에有用의人材를成ᄒ야愛國心을發揚
코져홈이라若人民된者ㅣ愛國心이缺ᄒ야
怠惰遊逸로써已身을自棄ᄒ면其國이衰弱

七

ᄒ야 他人의 侮辱을 必受ᄒ지니 是等은 皆自身을 不愛ᄒ으로 自國의 愛ᄒ을 不知ᄒ이라

學生은 最愛國心을 先養ᄒ을진져

第五課　愛國心(續)

我大韓의 國家는 我二千萬人民의 宗國이라 我等의 祖先으로브터 吾身에 迄ᄒ도록 此土에 生ᄒ며 此土에 長ᄒ며 老ᄒ야 墳墓도 此土에 在ᄒ며 室家도 此土에 在ᄒ니 此土는 卽四千年傳來ᄒ는 祖先의 鄕國이오 此身은 卽五百年涵育ᄒ 祖宗의 恩澤이라 列

10

祖列宗이濊恩厚德으로써人民을培養ᄒ심

이我等祖先이忠誠을竭ᄒ며筋力을盡ᄒ야

國難을捍禦ᄒ야動業을子

孫에게傳ᄒ얏스니子孫된者ㅣ其遺業을一

層發揮ᄒ야榮譽로ᄒ야곰先祖에顯케ᄒ고

功業으로ᄒ야곰國家에光케ᄒ지오又,嘉猷

를子孫萬世에貽ᄒ야我로써模範을作케ᄒᆷ

이卽吾人의義務ㅣ니凡,我學生은宜愛國의

心을輝竭ᄒ지니라

第六課 愛國의實

人이自稱曰我가愛國ᄒᄂ者ㅣ라ᄒ면是ᄂ
空言으로써愛國ᄒᄂ者ㅣ오實로愛國의誠
이有ᄒ者ㅣ아니라盖愛國의實이有ᄒ者ᄂ
我의學問을勉勵ᄒ며我의智識을擴充ᄒ며
我의志意를確立ᄒ며我의身體를健康히ᄒ
고外國의言語와文字를學ᄒ되必自國의精
神을培養ᄒ며自國의文字를貴重히ᄒ고農
工商의實業을研究ᄒ야土地의遺利가無케
ᄒ며産物의棄材가少케ᄒ지오其他國民된
義務의所擔ᄒ事를一身에自任ᄒ야國産이

日로增殖ᄒᆞ며國權이日로振興ᄒᆞ며國土가
日로廣拓ᄒᆞ야國家의榮譽로ᄒᆞ야곰世界에
光耀케ᄒᆞᆷ을努ᄒᆞᆯ지라如此ᄒᆞ면國民의天職
을不負ᄒᆞᄂᆞᆫ者ㅣ라ᄒᆞ리니嗚呼라我大韓의
獨立國權을鞏固ᄒᆞ야列強과幷駕ᄒᆞᆷ이今日
諸青年의身上에擔任ᄒᆞ얏스니勉ᄒᆞᆯ지어다
愛國의實을勉ᄒᆞᆯ지어다

第七課　忠義

國에忠義의國民이多ᄒᆞ면其國이強ᄒᆞᄂᆞ니
人臣이되야國祿을食ᄒᆞ고職任이有ᄒᆞ者ᄂᆞᆫ

國難을臨호야身軀를不惜호며湯火를不避
호고忠을盡호야死를效홈은固人臣의當然
호分義어니와、職任이無호者ㅣ라도其土
에生호야其毛를食홀진디國家를保守호는
國民의責任이吾身에擔有호얏거늘自國으
로호야곰能히獨立치못호고他人의羈絆을
甘受호면何顏으로써世界에立호고天下의
辱이此에서加大홈이無호느니是는不忠不
義의民이라謂홀지라然홈으로國民된者는
宜忠義를尙호야偸生으로爲耻호고敢死로

14

로 爲榮ㅎ야 愛國의 誠을 須臾라도 母忘홈이

可ㅎ니라

第八課　獨立

泰西人士의 有名한 言에 曰自助를 貴히녀인

다ㅎ니 夫愛群ㅎ는 者는 能히 助人ㅎ고 獨立

ㅎ는 者는 能히 自助홈을 謂홈이라 人이 世間

에 生홈이 人에게 求助홈이 無키 不能ㅎ나 若、

他人을 依賴홀 心이 成習ㅎ면 雖、心思와 才力

이 有훈 者ㅣ라도 能히 自用치 못ㅎ고 用ㅎ야

도 能히 盡用치 못ㅎ나니 此習이 久ㅎ면 則心思

와 才力이 頑鈍에 漸近ᄒᆞ야 一、懶怠無用의 人을 作ᄒᆞᄂᆞ니 然ᄒᆞᆷ으로 人民의 依賴心이 長ᄒᆞᆫ則 國이 萎弱ᄒᆞ야 獨立ᄒᆞᆯ 思想이 乏ᄒᆞᆯ지라 從前으로 我國의 習慣은 依賴心이 成痼ᄒᆞᆷ으로ᄡᅥ 國의 危弱ᄒᆞᆷ이 此에 至ᄒᆞ얏스니 嗚呼라 靑年 學生은 志氣를 奮勵ᄒᆞ야 個個히 獨立의 精神을 腦髓에 貫徹ᄒᆞ고 自助의 思想을 暫時도 勿忘ᄒᆞᆯ지니라

第九課　家族의 相愛

一家의 父母와 兄弟와 姉妹ᄂᆞᆫ 至極히 密切ᄒᆞᆫ

關係가有ᄒᆞᆫ骨肉의親이
라同室에相處ᄒᆞ며同堂
에共食ᄒᆞ야天然的으로
聚合ᄒᆞᆫ倫彝至情이니其
慈愛親睦ᄒᆞᆫ心이豈他人
에可比ᄒᆞ리오況父子의
恩愛ᄂᆞᆫ眼論을不俟ᄒᆞ거
니와兄弟姉妹에至ᄒᆞ야
ᄂᆞᆫ同氣의親이라宜相愛相扶ᄒᆞ야甘苦를與
同ᄒᆞ며勞逸을互分ᄒᆞ지니若家族의間에念

戾를 生ᄒ야 不和의 情이 有ᄒ면 外人의 侮辱

을 必招ᄒ야 累가 一家에 及ᄒ지라 此豈可恥

홀 事가 아니리오

第十課　智鳥

泰西에 一種鳥가 有ᄒ니 體

ᄂᆫ 極히 瘦小ᄒ나 性은 甚히

靈敏ᄒ지라 一日은 渴홈을

因ᄒ야 水를 覓ᄒ나 得홀 處

가 無ᄒ더니 忽見ᄒ즉 淸水

一鍾이 玻璃瓶中에 在ᄒ되

十六

18

瓶口는 甚狹ᄒᆞ고 鳥嘴는 極短ᄒᆞ야 能히 得飲치 못ᄒᆞᆫ지라 此鳥가 初에 啄ᄒᆞ야 撼코져 ᄒᆞ나 其瓶이 穩固ᄒᆞ야 無奈ᄒᆞ고 且傾ᄒᆞ야 注코져 ᄒᆞ나 無力ᄒᆞ야 不能ᄒᆞᆷ으로 悒瓶前에셔 徘徊ᄒᆞ며 左思右度ᄒᆞ되 可施ᄒᆞᆯ 方法이 無ᄒᆞ더니 忽然히 一計를 思得ᄒᆞ고 沙石을 卸ᄒᆞ야 瓶中에 投ᄒᆞᆷ이 水가 自然히 溢ᄒᆞ야 流出ᄒᆞᆷ으로 飲ᄒᆞᆷ을 得ᄒᆞ얏다ᄒᆞ니 此鳥는 智鳥라 可謂ᄒᆞᆯ지라 人이 學을 務ᄒᆞᆷ에 講究ᄒᆞᆷ을 不怠ᄒᆞ면 智識의 悟得ᄒᆞᆷ이 亦此鳥와 類ᄒᆞ니라

十七

第十一課

早起早眠

日이 出ᄒᆞ면 作
ᄒᆞ고 日이 入ᄒᆞ
면 息홈은 人의
正當ᄒᆞᆫ 職이라
今에 城市의 人
은 重房煖帳에
日高末起ᄒᆞ되
農家에ᄂᆞᆫ 此時

20

에已出野ᄒ야歌唱笑樂ᄒ며田畝를畊耘ᄒ

고且城市의人은夜深ᄒ도록戲臺酒肆에入

ᄒ야精神을疲ᄒ며心情을蕩ᄒ되農家에ᄂ

此時에安眠ᄒᆷ이已久ᄒ지라故로城市의人

은壽者가少ᄒ고夭者가多ᄒ며鄕野의人은

強者가多ᄒ고弱者가少ᄒᆷ은非他라鄕野의

人은早眠早起ᄒ야能히日光의淸氣를多得

ᄒ故ㅣ니盖日光의淸氣ᄂ身을養ᄒᄂ最要

素의物이니라

第十二課　順師

學生이 塾校에 在ᄒ야 師의 指敎를 順服홈으
로써 最要訣을 삼ᄂ니 宜思惟호딕 我의 父母
가 我를 敎誨ᄒᆯ 餘暇가 無홈으로 我를 塾校에
遣ᄒ야 師를 從케ᄒ얏스니 師ᄂ 卽 父母의 職
을 代ᄒᆫ 者ㅣ라 父母의 命을 可違치못ᄒ거던
師의 命을 豈可違ᄒ리오 大抵 父母ᄂ 其子를
不愛홈이 無ᄒ며 師ᄂ 其 學生을 不愛홈이 亦
無ᄒᆫ 故로 我ㅣ 善이 有ᄒ면 師ㅣ 喜ᄒ며 我
ㅣ 過ㅣ 有ᄒ면 師ㅣ 亦憂ᄒᄂ니 夫 善도 我의
善이오 過도 亦 我의 過ㅣ라 師에게 干係가 何

有ᄒ리오마ᄂᆞᆫ師의必喜ᄒ며憂ᄒᄂᆞᆫ者ᄂᆞᆫ誠、
我를愛ᄒᆷ이니學生이能히此로ᄡᅥ恒常存心
ᄒ면師의命을違ᄒᆷ이無ᄒ리라

第十三課 時間

夫百年의光陰이隙駒와如ᄒ다ᄒᆷ은吾人의
恒言ᄒᄂᆞᆫ바ㅣ라然ᄒᆷ으로此一片의時間을
虛擲ᄒ면再來ᄒ기不得ᄒᄂᆞ니況青年의學
生은其修業ᄒᆷ에一定ᄒ時間이有ᄒᆫ즉暫時
라도時間을失ᄒ면學業에妨害됨이豈淺尟
ᄒ리오古人이有言ᄒ되時間의關重ᄒᆷ이金

二十一

23

錢보다 尤倍ᄒᆞ다ᄒᆞ니 金錢은 浪費ᄒᆞ더라도
求得ᄒᆞᆯ 道ㅣ 有ᄒᆞ거니와 時間은 空費ᄒᆞ면 再
得키 不能ᄒᆞᆯ지니 其 重要ᄒᆞᆷ이 豈 金錢에 可比
ᄒᆞ리오 大禹는 聖人이로ᄃᆡ 寸陰을 惜ᄒᆞ샷스
니 吾人은 當分陰을 是競ᄒᆞᆯ지니라

第十四課 勤讀

讀書에 懶惰者ᄂᆞᆫ 先生의 約束을 憚ᄒᆞ야 塾堂
을 視호ᄃᆡ 畏途와 如ᄒᆞᄂᆞᆫ 故로 或 學을 怠ᄒᆞ며
或 閒을 偸ᄒᆞ야 瞞過의 事를 常圖ᄒᆞ다가 及長
大成人홈에 至ᄒᆞ야ᄂᆞᆫ 已往讀過ᄒᆞᆫ 書中의 文

24

義만茫然히 不知홀뿐아니라 甚히 一字를 無
識홈에 至하나니 此時를 當하야 慚悔한달 何
益이 有하리오 古語에 云호디 少壯에 努力지
아니하면 老大에 徒悲傷한다하얏스니 故로
讀書의 方은 時代를 勿失홈에 在한지라 日月
이如流홈을 不覺하고 今日明日에 推過홈만
專事하다가 一朝에 家室을 有하야 生活의 業
을營하는 境遇에 到하면 平生에 識字치 못홈
으로써 困難홈을 未免할지니 靑年은 宜前途
를深思하야 勉勵하고 勉勵할지어다

第十五課　鴉欺羊弱

天下에 强호 者는 人이 敢侮치 못호고 弱호 者
는 人의 欺侮를 受호니
人만 豈然호리오 物도 亦
同호니 昔에 鴉가 有호야
羊을 見호고 愚弄호디 羊
曰 汝ㅣ가 豈我身을 將호
야 玩弄의 物을 作호나뇨
此는 我의 弱홈을 欺홈이
니 假令 我ㅣ가 雄犬이되

26

얏소면 汝ㅣ가 敢히 戲치 못ᄒ리라 ᄒᆫ디 鴉曰

吾가 爾性의 柔弱ᄒᆷ을 知ᄒᆫ故로 能戲ᄒᆷ이라

若,爾性이 剛ᄒ면 吾가 豈敢如是ᄒ리오ᄒ니 嗚

呼라 方今 競爭ᄒᄂ 時代에 處ᄒ야 自強의 力

이 無ᄒ면 羊이 鴉에게 見侮ᄒᆷ과 如치 아니ᄒ

者ㅣ鮮ᄒ니라

第十六課 世界人種

世界上에 人民의 種類가 各異ᄒ야 歐洲에 居

生ᄒᄂ 者ᄂ 白色人種이 多ᄒ고 米洲의 土人

으 原來,紅色人種이오 斐洲의 土人은 黑色人

白人　黃人

黑人　棕人　紅人

種이오又、南洋各島에

ᄂ棕色(色灰)人種이散在

ᄒ고亞洲에居生ᄒᄂ

者ᄂ黃色人種이多ᄒ

지라現今、紅黑兩種과

棕色人種等은未開ᄒ

種族인故로土地를見

失ᄒ고棲身의地가無

ᄒ야流離奔竄ᄒᆷ으로人의奴隷를未免ᄒ니

噫라紅黑棕色人種도智識을啓發ᄒ고實力

28

을 養成ᄒ야 人民이 團合力으로써 其國土를

保有ᄒ얏스면 世界에 幷立ᄒ야 足히 列強을

抗衡ᄒ깃거늘 冥頑膠守ᄒ야 國民의 責任을

抛棄ᄒ므로 種族이 皆淪喪의 悲境에 陷ᄒ얏

스니 此를 豈鑑戒ᄒ바ㅣ아니리오

第十七課　蒼蠅吐墨

夫, 學者는 實行에 努ᄒ고 虛文을 不尙ᄒ지어

다 嘗見ᄒ즉 群蠅이 窓上에 飛集ᄒ얏는디 俄

頃에 꾓, 一蒼蠅이 外面으로 從來ᄒ다가 群蠅

의 閒話ᄒ믈 見ᄒ고 罵曰汝等이 飽食終日에

29

倔閒談으로써從事ᄒ
니是는用心ᄒ는바ㅣ
無ᄒ도다群蠅이答曰
汝는何事業을做ᄒ기
로反我等을責ᄒᄂ뇨
那蠅曰我는今에學堂
으로從ᄒ야出來ᄒ얏
스니豈事業을做홈이
無ᄒ다謂ᄒ리오ᄒ고
於是에墨汁一點을吐

30

出ᄒᆞ야써 憑信을 삼거ᄂᆞᆯ 群蠅이 笑曰汝ㅣ가
雖、學堂으로 從來ᄒᆞ나 何를 學ᄒᆞᆫ바ㅣ有ᄒ리
오吾ᄂᆞᆫ 聞ᄒᆞ니 古의學者ᄂᆞᆫ 躬行ᄒᆞ야 心得ᄒᆞᆷ
을 貴히녁이고 嘴上에 墨汁을 吐ᄒᆞᆷ으로써 實
學이라 謂ᄒᆞᆷ은 未聞ᄒᆞ얏노라ᄒᆞᆫᄃᆡ 那蠅이 慚
을 懷ᄒᆞ고 去ᄒᆞ더라ᄒᆞ니 學業을 誠心으로 不
修ᄒᆞᄂᆞᆫ 者ᄂᆞᆫ 皆、嘴로써 墨汁을 吐ᄒᆞᄂᆞᆫ 蠅의 類
라ᄒᆞ노라

第十八課 成器

一、博士가 言ᄒᆞ야 曰童子ᄂᆞᆫ 鐵과 如ᄒᆞ니 夫、鐵

은 初에는 價値가 不多ᄒᆞ나 鍜鍊을 經ᄒᆞᆯᄉᆞ록

價格이 漸增ᄒᆞᄂᆞ니 假令、平常ᄒᆞᆫ 一個 鐵條가

約、五圓의 價値되ᄂᆞᆫ 者로 馬掌의 鐵을 造ᄒᆞᆫ즉

即、二十圓에 値ᄒᆞ고 ㅼ、鍊ᄒᆞ야 刀劍의 鋒을 造

ᄒᆞᆫ즉 即、三百五十圓에 値ᄒᆞ고 ㅼ、製ᄒᆞ야 縫紉

의 針을 造ᄒᆞᆫ즉 即、三千圓에 値ᄒᆞ고 更進ᄒᆞ야

時表內의 法條를 作ᄒᆞᆫ즉 可히 二萬五千圓에

値ᄒᆞ리니 鐵은 同一ᄒᆞᆫ호ᄃᆡ 其價値ᄂᆞᆫ 鍊홈을 由

ᄒᆞ야 增高ᄒᆞᄂᆞᆫ 故로 童子가 始에ᄂᆞᆫ 戲嬉遊息

ᄒᆞ다가 學業을 由ᄒᆞ야 日로 高明에 進ᄒᆞ면 終

32

에는 上으로 君을 致호고 下으로 民을 澤호야

名聲을 揚호며 父母를 顯게홀지니 童子는 當

校塾으로써 人을 鍊호는 洪爐를 삼고 已는 鍊

치못호 鐵條로 認호야 成德成器호기를 勉力

홀지니라

第十九課　擇交

一友人이 有호야 野草一把를 持來호얏는

其馨香의 氣가 堂室에 馥郁호지라 主人이 問

曰此草의 異香이 如此호니 其名은 云何며 何

地에셔 生혼者ㅣ뇨 客이 笑曰此는 本野外의

高等小學讀本

三十一

雜草로香氣가無
ᄒᆞ者인ᄃᆡ蘭草로
더부러一瓶에同
處ᄒᆞ야ᄡᅥ此를致
홈이라ᄒᆞ거늘主
人이乃嘆曰人이
人으로與交홈에
其善者를擇ᄒᆞ야
交遊ᄒᆞ면日로其

嘉言을聞ᄒᆞ고日
로其善行을見ᄒᆞ야自然히

34

其德性을 薰陶홀것이오 惡人으로 與交호면
其不善에 漸染홈이 此와 亦同홀지니 然호즉
交人의 道를 豈可愼치아니호리오

第二十課　四民

四民者는 士農工商을 謂홈이라 盖天下에 林
林蔥蔥호人衆의 操호바業이 雖千百種이有
호나總히此四者에 不離홈으로 士된者는 學
問으로써 道德과 智識을 修鍊호야 政治를 裨
補호며 後生을 啓導호고 農되者는 土地의 畊
作에 從事호야 其産物로써 普通의 衣食을 供

케ᄒ고 工된 者ᄂ 智巧
로써 物品을 製造ᄒ야
公衆의 需用을 應케ᄒ
고 商된 者ᄂ 貿易에 從
事ᄒ야 物貨의 輸運으
로써 彼此의 有無를 相
通케ᄒᄂ 者ᅵ니 此四
者가 區分은 雖殊ᄒ나
其實은 相因相資ᄒ者
ᅵ라 故로 國家에 一도

缺키 不可ᄒᆞ지니라

第二十一課　明理

世人이 理에 不明ᄒᆞᆫ 者ᄂᆞᆫ 耳에 常聞치 못ᄒᆞᆫ 바
와 目에 常觀치 못ᄒᆞᆫ 바ᄂᆞᆫ 必, 鬼怪의 所致로 認
ᄒᆞ야 斷然不信ᄒᆞᄂᆞ니 雷ᄂᆞᆫ 電이 聲을 發ᄒᆞᆷ이
어ᄂᆞᆯ 不知ᄒᆞᄂᆞᆫ 者ᄂᆞᆫ 써 雷師의 擊鼓ᄒᆞᆷ이라 謂
ᄒᆞ며 日蝕은 月影이 日을 蔽ᄒᆞᆷ이어ᄂᆞᆯ 不知ᄒᆞ
ᄂᆞᆫ 者ᄂᆞᆫ 써 天狗가 吞噬ᄒᆞᆷ이라 謂ᄒᆞᄂᆞ니 試問
컨디 今日에 火車와 輪船은 人力을 不用ᄒᆞ고
行駛ᄒᆞᆷ이 如飛ᄒᆞ니 亦, 一奇物이라 然ᄒᆞᆫ 즉 此

三十五

도亦鬼恠의作호바ㅣ라謂호리로다凡人이
顯明을捨호고鬼恠를信호면漸漸幽暗에入
호야卽心膽이惻호고志氣가楷호야天下事
를能爲치못홀지니讀書호는者는格物의工
夫를必注意홀지니라

　　第二十二課　暗室

古者에一名師가有호야其門下에二個學生
이有호더니一夜는師가銀錢二枚로써二生
을分與호고謂曰我ㅣ가今에爾等을與호는
銀이價値는無多호나爾等은此銀을分持호

38

고速히市中에往ᄒ야爾
等의意를隨ᄒ야何物이
던지購來ᄒ야써此書室
을充케ᄒ라ᄒ니二生이
應諾ᄒ고出ᄒ야未幾에
一生은其銀을盡給ᄒ고
稻草를購得ᄒ야其師에게返告曰如許ᄒ면
此室을可充ᄒ다ᄒ거늘師曰室은可充ᄒ지
나其黑暗이更甚ᄒᆷ에奈何오又一生은其銀
의三分一를給ᄒ고燭을購來ᄒ야室中에燃

39

호고 其師에게 告曰我ㅣ가 此室을 充케 호얏
다호디 師曰善호다 爾가 光으로써 此室을 充
케홈은 卽 聰明의 一端이라 호얏스니 此에 可
히 智愚의 別을 見홀지니라

第二十三課 戒誣

昔에 一牧童이 有호야 品性이 輕佻홈으로 誣
言을 最喜호더니 一日은 猝然히 狼이 至호다
呼호디 諸牧童이 呼聲을 聞호고 咸來相助호
려호거늘 彼가 足을 翹호고 立호야 掌을 拍호
며 笑曰爾輩는 易欺로다호니 諸牧童이 其誣

言에見欺홈을知호
고一哄皆散호얏더
니未幾에狼이果來
홈을見호고又如前
히呼호딕諸牧童이
其誆言인가意호야
一個도不至홈이於
是에狼이羊을攫去
호얏다호니蓋誆言
을不戒호야習慣을

作ᄒᆞ면 自然히 累가 身에 及ᄒᆞᆯ지라 故로 人을
對ᄒᆞ야 宜信言ᄒᆞ기를 注意ᄒᆞᆯ지어다

第二十四課　小鼠老蛙

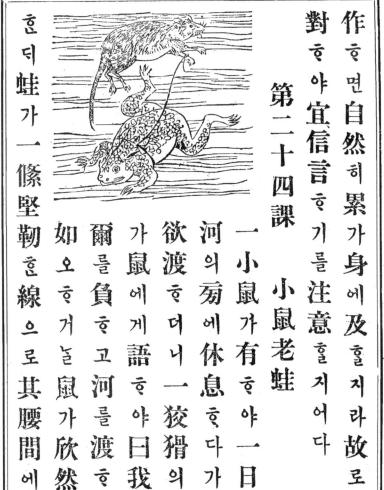

一小鼠가 有ᄒᆞ야 一日에 大
河의 旁에 休息ᄒᆞ다가 河를
欲渡ᄒᆞ더니 一狡猾의 老蛙
가 鼠에게 語ᄒᆞ야 曰 我ㅣ가
爾를 負ᄒᆞ고 河를 渡ᄒᆞ면 何
如오ᄒᆞ거ᄂᆞᆯ 鼠가 欣然히 從
ᄒᆞᆫ디 蛙가 一條堅靭ᄒᆞᆫ 線으로 其腰間에 繫ᄒᆞ

42

고線의 一端으로써 鼠의 前足을 繫ᄒᆞ고 背에
負ᄒᆞ야 河水에 躍入ᄒᆞ더니 河心에 至ᄒᆞ야ᄂᆞᆫ
蛙가 忽然 首를 鑽ᄒᆞ고 水中에 入ᄒᆞ니 背上의
鼠도 水底에 跌入ᄒᆞᄂᆞᆫ지라 乃大呼曰 蛙友야
爾가 我를 溺死코져ᄒᆞᄂᆞ냐 蛙ㅣ 答曰 我ㅣ가
爾를 誤홈이아니라 爾의 愚로써 爾身을 自害
홈이니 爾ᄂᆞᆫ 我ㅣ가 眞心으로 爾를 欲渡ᄒᆞᄂᆞᆫ
줄로 信ᄒᆞ얏ᄂᆞ냐ᄒᆞ거ᄂᆞᆯ 鼠ᄂᆞᆫ 哀告ᄒᆞ야도 無益
ᄒᆞᆯ줄 自知ᄒᆞ고 以爲ᄒᆞ되 寧、閉口聽死ᄒᆞ리라
ᄒᆞ더니 適空中으로 一鶴이 飛來ᄒᆞ다가 小鼠

가水面에 浮沈ᄒᆞᆷ을 見ᄒᆞ고 遂飛下ᄒᆞ야 鼠를
喙中에 啄ᄒᆞ고 其巢에 攜至ᄒᆞ니 蛙도 鼠足에
懸ᄒᆞ야 同往ᄒᆞᆫ지라 鶴이 蛙에게 問曰 誰가 汝
를 此에 領到ᄒᆞ얏ᄂᆞ냐 蛙가 乃戰慄而對曰 我
의 騙術이 我를 累ᄒᆞᆷ이라 我ㅣ가 小鼠를 溺死
케 ᄒᆞ다가 反自貽伊戚이로다 ᄒᆞᆫ딘 鶴이 笑曰
我ㅣ가 爾의 狡惡ᄒᆞᆫ 謀를 報ᄒᆞ리라 ᄒᆞ고 乃其
喙를 大張ᄒᆞ고 蛙를 呑下ᄒᆞ얏다ᄒᆞ니 此ᄂᆞᆫ 害
人코져 ᄒᆞ다가 自害ᄒᆞᄂᆞᆫ 者의 戒ᄒᆞᆯ바ㅣ니라

第二十五課　及時

44

夫學의功은日用의外에不出ᄒᆞ니檢身ᄒᆞᆫ즉
言을謹ᄒᆞ고行을愼ᄒᆞ며居家ᄒᆞᆫ즉親을事ᄒᆞ
고長을敬ᄒᆞ며讀書ᄒᆞᆫ즉理를窮ᄒᆞ고義를講
ᄒᆞ야至近至易ᄒᆞᆷ에도宜用力ᄒᆞᆯ져오至切至
急ᄒᆞᆷ에도當用力ᄒᆞᆯ지라一日의力을用ᄒᆞ면
卽、一日의效가有ᄒᆞ고一月의力을用ᄒᆞᆫ즉
一月의效가有ᄒᆞᄂᆞ니今日에毫髮도用力치
아니ᄒᆞ고少年의光陰을蹉跎ᄒᆞ면他日에聖
賢을得ᄒᆞ야師ᄒᆞ더라도其有益ᄒᆞᆷ을未見ᄒᆞ
지니工夫에志ᄒᆞᄂᆞᆫ者ᄂᆞᆫ此時를勿失ᄒᆞᆯ지어

第二十六課　救蟻施仁

天地의間에雖微物이
라도亦一生命이라救
濟홈은可커니와戕害
홈은不可ᄒ니昔支那
宋朝에宋祈라ᄒ는名
相이有ᄒ야兒時에堂
階下에在ᄒ얏다가蟻
穴이驟雨의暴注홈을

被호야將次漂流됨을見호고心에甚憐호야
於是에竹으로橋를編作호야階下에放호고
蟻를引渡호니群蟻가水患을得免혼지라盖
物을救호는心은人을救호는心과同一혼慈
善이되는故로宋祈의後日名相을作홈은兒
時로브터已卜호니라

第二十七課　爭先

夫는婦를爲호야生을謀호고婦는夫를爲호
야家를治호니此는夫婦가相資홈이오工은
農을爲호야犁를造호고農은工을爲호야穀

47

을生ᄒᆞ니此ᄂᆞᆫ農工이相資ᄒᆞᆷ이라彼遊惰를
喜ᄒᆞ야恒産이無ᄒᆞ고人을依仰ᄒᆞ야ᄡᅥ生活
을計ᄒᆞᄂᆞᆫ者ᄂᆞᆫ譬컨디動物中에寄生蟲과如
ᄒᆞ니名曰社會의蠹라國中에此等人이多ᄒᆞ
면社會가必衰ᄒᆞᄂᆞᆫ故로國民된者ᄂᆞᆫ爭先에
盡力ᄒᆞ야社會에有益ᄒᆞᆫ人이됨을要ᄒᆞᆯ지니
盖公益에關ᄒᆞᆫ義擧에對ᄒᆞ야ᄂᆞᆫ踴躍爭先ᄒᆞ
야私計를不顧ᄒᆞ고衆人을爲ᄒᆞ야竭誠ᄒᆞᄂᆞᆫ
者ᄂᆞᆫ可히ᄡᅥ社會의表準이되ᄂᆞ니如此ᄒᆞᆫ人
은自家一身에勞苦ᄂᆞᆫ不顧ᄒᆞᆯ지라도衆人에

48

均沾ᄒᆞᆫ 利益은 夥多ᄒᆞᆯ지라 吾黨靑年은 相
資의 道로써 爭先의 勇을 養ᄒᆞ야 社會의 標準
이되기를 自期ᄒᆞᆷ이 可ᄒᆞ도다

第二十八課　節飮食

凡, 飮食이란者ᄂᆞᆫ 人生의 第一, 要素라 不食ᄒᆞᆫ
즉 死ᄒᆞ나 多食ᄒᆞᆫ즉 病ᄒᆞᄂᆞᆫ 故로 淸茶와 淡飯
은 足히 身體를 養ᄒᆞ고 濃香과 厚味ᄂᆞᆫ 反히 衛
生에 有碍ᄒᆞᄂᆞ니 或一時口腹의 慾을 縱ᄒᆞ면
終身의 憂를 必貽ᄒᆞᆯ지라 豈可不愼ᄒᆞ리오 大
槩, 飮食의 人을 看ᄒᆞ건ᄃᆡ 不愼ᄒᆞᄂᆞᆫ 人은 其, 健

49

康을 害ᄒᆞ야 天札이 常多ᄒᆞᆷ이 即其明證이라

人은 宜嗜慾을 撙節ᄒᆞ야 飮食을 愼ᄒᆞ면 是ᄂᆞᆫ

衛生의 道ㅣ니라

第二十九課 熊被蜂針

暮春初에 風光은 明媚ᄒᆞ고 淑氣ᄂᆞᆫ 融和ᄒᆞ며

草木은 暢茂ᄒᆞ고 花卉ᄂᆞᆫ 爭姸ᄒᆞ니 此美景良

辰을 際ᄒᆞ야 禽獸도 亦行樂ᄒᆞᄂᆞᆫ지라 時에 一

熊이 有ᄒᆞ야 郊外에 遨遊ᄒᆞ다가 蜂針의 刺를

被ᄒᆞ야 一時痛楚ᄒᆞᆷ을 不堪ᄒᆞᆷ으로 報讐ᄒᆞ기

를 思ᄒᆞ야 其巢𡥉를 傾覆ᄒᆞᆫ디 衆蜂이 擁出ᄒᆞ

第三十課 孔子

야熊을圍螫ᄒ니萬狀
의痛苦흠이極甚흔지
라熊이深悔ᄒ야曰一
針의恨을雪코져ᄒ다
가反衆針의害를受ᄒ
얏다ᄒ니論語에曰小
를不忍ᄒ면大謀를亂
흔다흠이此熊을指흠
이로다

孔子는 東洋의 大聖人이라 名은 丘오 字는 仲尼니 距今 今은 大韓光武十年丙午 我朝鮮肇紀一 二千四百五十七年 前周靈王二十一年庚戌 千七百七十三年春秋魯襄公二十二年 에 魯昌平鄕에셔 誕生ᄒ샷스니 父는 叔梁紇이오 母는 顏氏라 身長이 九尺六寸이오 腰帶가 十圍라 兒時嬉戲에 俎豆를 陳ᄒ야 禮容을 習ᄒ더니 及長ᄒ이 聖德이 日著ᄒ신지라 魯에 仕ᄒ샤 官이 司寇에 至ᄒ샷더니 後에 去魯ᄒ시고 齊、宋、衛、陳、蔡에 遊ᄒ시다

52

가道가不行홈을知ᄒ시고返魯ᄒ샤詩書를
刪ᄒ시고禮樂을正ᄒ시며周易을贊ᄒ시고
春秋를修ᄒ샤素王의道를行ᄒ시고羣聖의
大成을集ᄒ시니實로萬世儒教의宗祖시라
年이七十三에卒ᄒ심이魯城北泗水上에葬
ᄒ니라其弟子三千人에六藝를能通ᄒᄂ者
ㅣ七十餘人이니孔子의言行을記ᄒ야論語
를撰ᄒ니라自後로支那와我國은皆孔子를
世師ᄒ야儒教를最尊信ᄒᄂ니라

第三十一課　孟子

孟子는孔子의孫子
思의門人이니名은
軻오字는子輿라孔
子歿後一百八年周
烈王四年己酉
距今二千三百四十八年前에鄒에서誕生항시
니幼時에母仉氏의三遷의敎를被항시고及
長항야는子思의門에受業항야道가旣成항
심이齊梁에遊항샤王道를陳항시되能히用
치못항는지라乃退항샤弟子公孫丑,萬章의
徒로더부러孟子七篇을著항샤孔子의道統

54

을傳ᄒ시니後世儒敎의宗祖를孔孟이라必

稱ᄒᄂ니라

第三十二課　本國

我身과我의父母祖宗의所居ᄒᄂ地를日本國이오本國의人을曰國民이라ᄒᄂ니隆盛ᄒᆫ家에ᄂ他人이敢히其子弟를侮치못ᄒ고隆盛ᄒᆫ國에ᄂ外人이敢히其國民을侮치못ᄒᄂ故로國이強ᄒ면國民의榮이오國이弱ᄒ면國民의恥ㅣ라吾輩ᄂ雖年少ᄒ나皆本國의國民이니國民된義務ᄂ其國으로ᄒ야

五十三

55

곰 强케홈에 在홀지라 若國民이 能히 自强치

못호면 其國이 亦自强치 못호는 故로 民이 其

國을 爲호야 强코져 홀진딕 其身의 自强홈을

必先홀지니 自强의 道는 無他라 身을 健히혼

즉 體가 强호고 行을 敦혼즉 德이 强호고 學을

力혼즉 智가 强호야 人人이 皆自强호면 自國

으로호야곰 地球下에 莫强의 國이 될지니 此

豈國家의 光榮이아니리오

第三十三課　自立

人은 能히 自立에서 加貴홈이 無호고 依賴에

서加辱됨이無ᄒ지라
故로人을依賴ᄒ야生
ᄒᄂ者ᄂ得意홈이雖
極ᄒ나足히貴ᄒ다謂
치못ᄒᆯ지니長春藤은
蔓生의物이라墻下에
緣生ᄒ야墻顚에攀踞
홈으로得意를自誇ᄒ

야瞿麥花를見ᄒ고小ᄒ다斥言ᄒ디瞿麥花
ㅣ顧謂曰我ᄂ雖小ᄒ나依托이無ᄒ고自立

57

혼者이오 子는 雖高하나 若不幸히 墻이 崩하
면地에伏홈을 不免하리라하얏스니 噫라世
에能히自立치못하는者는 可히 警흘지어
다 國도 亦然하니 自立의力이 無하야外人을
賴한즉 終乃其主權을 能히自保치못하며 土
地를能히自守치못흘지니 嗚呼라 靑年이여
自立의精神을養흘진져

第三十四課　學徒의正直

大凡學校의規例는 受業時에在하야 肅靜홈
을 要하고 喧譁홈은 不得하느니 否하면罰이

58

有학지라一日은敎師가算을敎학서諸生이
皆、靜坐傾聽학는日獨一邊에서小聲이出학
거늘敎師가聞학고學徒를招학야罰코져학
니其學徒가告曰我一校에入한後로每事에小
聲이有함은實로我의所爲가아니라학되一
訓導를服膺함은師의知학신바一라今에小
聲이有함은實로我의所爲가아니라학되一
學徒가又彼의受罰함을見학고直起학야言
曰此事는實로我의所犯이오니請컨디我를
罰함이可학다혼디敎師一於是에其正直함
을稱賞학야罰을免학고先에喚出한學徒를

命ᄒ야其原位에復케ᄒ니同學ᄒ는諸生도
其正直ᄒ을感服ᄒ더라

第三十五課　束木譬喩

天下의事가大小를勿論ᄒ고合ᄒ즉强ᄒ며
分ᄒ즉弱ᄒ은理勢의明瞭ᄒ이라古에一翁
이臥病在床ᄒ더니一日은衆子를呼ᄒ야分
付曰吾가今에一物이有ᄒ야汝等에게與ᄒ
노라ᄒ고木條一束을擲ᄒ며其衆子로ᄒ야
곰折ᄒ라ᄒ딘衆子ㅣ應諾ᄒ고各其力을盡
ᄒ야折코져ᄒ딘能折치못ᄒ거늘翁曰汝等

60

은 條를 個個히 抽出ᄒ야 次第로 一個式 分ᄒ야 折ᄒ라ᄒ니 於是에 手를 隨ᄒ야 立斷ᄒᄂ지라 翁曰 汝等은 此를 鑑戒ᄒᆯ지어다 今에 兄弟가 或 分離ᄒ면 人의 欺侮를 必受ᄒᄂ니 奚獨 一家만 然ᄒ리오 一國도 亦然ᄒ야 人民이 各自離散ᄒ면 他人의 侵犯을 禦키 難ᄒ고 衆

61

248 고등소학독본

力을 合호야 뻬體를 結호면 天下에 無敵홈이

此束木의 難折홈과 如호다호니라

第三十六課　變化氣質

凡, 各種動物이 或其, 水土와 地氣와 飮食等事

를 不變호면 幾何年의 久를 經홀지라도 能히

其本性을 不易호ᄂ니 狼은 本野獸라 天性이

凶殘호야 何國의 産을 勿論호고 皆狀貌와 性

情이 不同호者ㅣ 鮮호며 犬은 家에 畜호고 野

에 遊호나 其飮食과 使用을 殊異케홈으로 形

體와 性質이 變호야 或少홈이 鼠와 如호며 或

62

兒홈이 狼과 如호며 或 馴홈이 猫와 如호니
此는 配合改變法을 因호야 種類의 殊別이 有
홈이라 人도 能히 其習慣을 改革호야 從善自
新호면 愚를 變호야 智를 成호며 不肖를 變호
야 賢을 作홀지니 可히 勉치아니호리오

第三十七課　蟻知水路

大凡高山峻嶺에 井泉을 開코져호면 其水源
을 先探훈 後에 可掘홀것이어늘 或茫然히 不
知홈을 由호야 隨意亂掘호다가 徒勞無功홈
에 至호느니 昔에 齊桓公이 孤竹國을 伐홀서

六十一

63

軍中에 水가 乏함으로 山을 鑿하야 水를 得코
져하나 井泉을 不得하더니 其臣 隰朋이 獻策
하야 曰 蟻穴을 向하야 掘하면 可히 淸泉을 得
홀지오 且 蟻穴을 尋함도 定向이 有하니 夫蟻
는 冬에는 暖을 取하야 山陽에 居하고 夏에는
凉을 取하야 山陰에 居한다하거늘 桓公이 其
言을 依하야 尋掘하니 果然水를 得한지라 此
에 可히 古人의 格致의 學을 見홀지니라

第三十八課　玩弄有悟

大凡、兒童이 玩弄을 喜하야 動作을 不已함으

64

로常時에人의憎惡를被ᄒ
나或其玩弄을因ᄒ야利器를做出ᄒ면後人이其利의
無窮ᄒ을得享ᄒ는者ㅣ有ᄒᄂ니昔和蘭國
에一眼鏡店主의子가其父의出外ᄒ을乘ᄒ
야其玻璃片으로玩具를作ᄒ야外物을窺視
ᄒ다가又、玻璃片을取ᄒ야加疊ᄒ야視物ᄒ
니遠ᄒ者ㅣ忽然히近ᄒ지라後에其父에게
告知ᄒ딕父가試ᄒ니果然ᄒ거늘因ᄒ야此
法으로써遠視ᄒ는鏡을作ᄒ얏더니後에義

六十三

大利의格物士夏里留가其法을取ᄒᆞ야望遠
鏡을造ᄒᆞ야天象을窺홈으로至今ᄭᅵ지利器
가되니願컨딕兒童이塾에在ᄒᆞᆯ時에ᄂᆞᆫ用心
修業ᄒᆞ고其餘眼에ᄂᆞᆫ何物을玩弄ᄒᆞ던지反
覆硏究ᄒᆞ면或此와如히新奇ᄒᆞᆫ物理를可悟
ᄒᆞ리로다

第三十九課　馬의救童

昔에一童子가有ᄒᆞ야年이十歲에未滿ᄒᆞᆫ지
라一日ᄋᆞᆫ馬를牽ᄒᆞ고野에出遊ᄒᆞᆯ시暴雨가
忽至ᄒᆞ야川水가漲溢ᄒᆞ니能히渡歸치못ᄒᆞᆯ

66

지라 時에 日은 已暮ᄒ고 雨는 不止ᄒ야 童子
가 仰天哭泣ᄒ더니 馬가 童子를 卸ᄒ야 彼岸
에 渡ᄒ나 適, 昏黑ᄒ야 程道를 不辨ᄒ는디 馬
가 又, 前導ᄒ야 童子를 引ᄒ니 童子가 馬의 先
導ᄒ믈 憑ᄒ야 其 轡을 執ᄒ고 其後로 徐行ᄒ
야 家中에 安到ᄒ얏다ᄒ니 盖 惻隱의 心은 物
도 猶然ᄒ거던 況, 最靈ᄒ 人으로써 此心이 無
ᄒ者ㅣ아 豈 馬에게 有愧ᄒᆷ이 無ᄒ리오

第四十課 戒貪

古人이 有言曰 欲ᄒ눈바를 不見ᄒ면 心이 不

亂ᄒᆞ다ᄒᆞ고又曰利ᄂᆞᆫ智識을昏케ᄒᆞᆫ다ᄒᆞ니

是ᄂᆞᆫ貪의一念이能히身을害ᄒᆞᄂᆞᆫ所以라今

에鼠로써譬컨ᄃᆡ鼠의性이狡猾ᄒᆞ야穴로出

ᄒᆞ야機檻이有ᄒᆞᆷ을見ᄒᆞ고心中에暗度ᄒᆞᄃᆡ

此ᄂᆞᆫ機檻이라彼靈慧ᄒᆞᆫ人이此를設ᄒᆞ고餌

를置ᄒᆞ야써我를圖코져ᄒᆞᆷ인즉我ㅣ가若其

餌를貪ᄒᆞ야其機에觸ᄒᆞ면彼計에中ᄒᆞ리니

我ㅣ가其謀를瞰破ᄒᆞ야見欺ᄒᆞᆷ에不至ᄒᆞ리

라然ᄒᆞ나彼餌가馨香ᄒᆞ니捨去ᄒᆞᆷ은可惜ᄒᆞᆫ

즉今에我ㅣ가齒로써不囑ᄒᆞ나但鼻로써嗅

흐리라 고往흐야 嗅흐더니 機가 忽發흐야
身이 遂殞흐얏스니 嗚呼라 人이 榮利를 貪흐
야 生命을 不顧흐는 者와 或 偉免을 希望흐는
者는 其身을 保흐기 難흐ᄂ니 此를 豈不戒흐
리오

第四十一課　謀逸反勞

昔時에 一富翁이 有흐니 一日은 家犬을 失흐
지라 家人으로 흐야곰 其轎夫를 召來흐야 命
曰遠히 犬을 覓來흐라흐딕 轎夫는 元來, 愚懶
흔 習性이라 答曰我等은 偃, 攑轎흠이 職分이

69

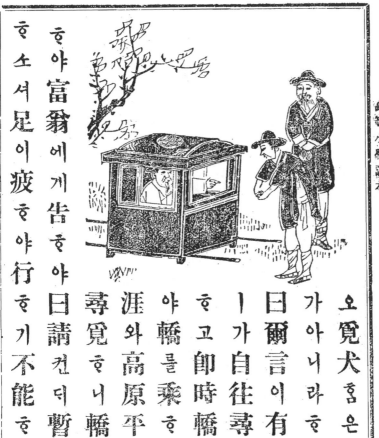

요覓犬홈은分內의事가아니라ᄒ거늘富翁이日爾言이有理ᄒ니我ㅣ가自往尋犬ᄒ리라ᄒ고卽時轎夫를命ᄒ야轎를乘ᄒ고山巓水涯와高原平地에遍行尋覓ᄒ니轎夫ㅣ力竭ᄒ야日請컨ᄃ暫爲息肩케ᄒ소셔足이疲ᄒ야行ᄒ기不能ᄒ니若主翁이富翁에게告ᄒ야日ᄒ야

70

이 更又、遠處에 往호야 尋犬코져 호면 我等이

替往호지오 主翁은 勿勞호소서 혼디 富翁이

笑曰 然혼즉 爾等이 往壽호라 호고 遂步歸호

니 轎夫等이 樹下에서 休憩호며 相顧追悔호

야曰 今日에 大德혼지라 安逸을 謀호다가 反

疲勞를 加호얏다 호니 俗語에 云호기를 弄巧

호다가 反成拙이라홈이 轎夫를 謂홈이로다

第四十二課　勿觀望政府

我國의 習慣은 依賴心이 固結홈으로 政府의

意見을 隨호야써 轉移의 方向을 作호눈지라

高等小學讀本

六十九

71

238　고등소학독본

是以로 衆에 稍異홈이 有홈을 見호면 必詆호
야 曰 安分치 못호는 人이라호니 是는 人의 改
良을 禁호며 人의 進取를 沮호는 獎習이라 所
謂 安分이라홈은 實 懶怠로 由호야 自暴自棄
의 習慣을 成홈이니 國民된 者ㅣ 官職은 雖無
호나 一般 國家의 責任을 負擔호얏스니 豈 政
府만 觀望호고 自家의 義務를 不修호리오 然
혼즉 目今의 計는 吉人人이 各其 國民의 責任
을 自勵호야 堅忍不拔의 精神으로 奮發自立
홈을 努홀지오 舊日 依賴的 習慣과 懶怠的 性

質은巫를改除흠이可흘진져

第四十三課　培養士氣

本朝　世宗大王이嘗有疾이어시늘內人等이巫言을惑흠야成均舘前에祈禱를設흠더니舘學儒生等이巫女輩를驅逐흠는지라中使가大怒흠야其由를啓흠니　上이疾을扶흠시고起坐흠샤曰予ㅣ能히士를養치못흘가常患흠얏더니今에士氣가如此흠니予는何憂가有흠리오此言을聞흠이予의疾이即愈라흠시니라其後에又

成宗大王이 嘗有疾이어시늘 大妃ー使女
巫로 洋宮의 碧松亭에 往ᄒ야 祈禱를 設ᄒ더
니 舘學生 李穆이 諸生을 倡率ᄒ야 女巫를 杖
逐ᄒᆫ디 巫가 大妃ᄭ 訴ᄒᆷ이 大妃ー大怒
ᄒ샤 大王ᄭ 告ᄒ시니 上이 大司成을 召
ᄒ샤 酒를 特賜ᄒ시고 曰爾가 能히 諸生을 導
率ᄒ야 士習을 歸正케ᄒ니 予ー가 嘉獎ᄒᆷ을
不勝ᄒ노라ᄒ시니라

第四十四課　小鼠

一小鼠가 其母鼠와 富翁의 大厦中에셔 同居

74

ㅎ눈디美食이甚多ㅎ으로心滿意足

ㅎ나一猫가有ㅎ야時時로小鼠를驚

嚇ㅎ으로美食을不得ㅎ고洞中에遁

藏ㅎ얏더니一日은小鼠가喜形於色

ㅎ고母에게奔告ㅎ야曰今日은幸矣

라膳夫가或我等이猫에게被傷ㅎ가恐ㅎ야

一小室을爲築ㅎ얏눈디下에눈木板을舖ㅎ

고上面及四圍눈皆、鐵絲로써欄을ㅎ고其中

에香美適口ㅎ牛乳餅을儲ㅎ얏스니猫가能

히侵入치못ㅎ지라我ㅣ가今에特來告ㅎ노

니母子ㅣ偕往ᄒᆞ야同居ᄒᆞᄌᆞ혼디其母ㅣ苦

曰我子야汝ㅣ가我에게先告ᄒᆞᆷ이汝의幸福

이라汝ㅣ가若徑入ᄒᆞ얏던들永히再出치못

ᄒᆞᆯ번ᄒᆞ도다其室은卽小鼠를捕ᄒᆞᄂᆞᆫ鐵籠이

라ᄒᆞ니凡人이處事ᄒᆞᆷ에疑訝未明ᄒᆞᆫ事를遇

ᄒᆞ거던宜先히審問ᄒᆞᆫ後에行ᄒᆞᆷ이可ᄒᆞᆯ진져

第四十五課　禁吸烟

泰西各學堂에吸烟을皆禁ᄒᆞ되特水師學堂

과武備學堂에ᄂᆞᆫ尤極痛禁ᄒᆞᄂᆞ지라美洲數

邦에ᄂᆞᆫ法律을設ᄒᆞ고烟草를將ᄒᆞ야孩童에

76

게賣與홈을不准호고稅資國에셔는法律를設호되孩童이街上에셔吸烟호는者를警官이捕捉호야其罪의擬定을偸竊로相等케호고現今,日本國에도西國의禁烟호는法을倣照호야年이弱冠이못된者는吸烟홈을不得호디其父兄이知情不告호는者는金一圓을徵罰호고烟과烟具를未冠혼者에게放賣호는者는金十圓을徵罰호니夫,孩童의吸烟홈이腦髓를枯渴케호야精神을耗損케혼故로嚴禁홈이可호니學生은十分戒愼홀지니라

高等
小學讀本卷一 終

78

光武十年十一月二十五日印刷

光武十年十一月三十日發行

版權
所有

高等小學讀本卷一

定價金廿伍錢

漢城北署觀峴

編纂　徽文義塾編輯部

發行所　同　徽文義塾印刷部

印刷所　同　徽文義塾印刷部

79

高等小學讀本　卷二

徽文義塾編輯部編纂

高等小學讀本

徽文義塾印刷部刊行

目次

83

二

三

86

第一課 敎育

國民의 文明을 論호는 者는 通國의 人民을 據호야 言홈이오 一二人을 擧호야 論홈은 아니라 盖普及敎育이 無호야 國民이 賢不肖의 等級이 多호 者는 團結의 力을 不得호며 公同의 益을 不知호야 億萬民이 有호야도 各億萬의 心이 有호느니 如此호 國은 土地의 廣홈과 物産의 豐홈과 人民의 衆홈과 器械의 精홈이 有호나 其國家의 基礎가 沙를 聚호야 堤를 築홈

一

87

과 如히 完全홈을 不得홀지라 此, 優勝劣敗ᄒ
는 時代를 當ᄒ야 自存自立의 道를 不講ᄒ면
豈 國家의 保有홈을 能得ᄒ리오 若, 他國이 有
ᄒ야 無端히 兵艦을 駕ᄒ야 我의 同胞를 虐ᄒ
며 我의 城池를 奪ᄒ면 他處에 向ᄒ야 伸訴코
져ᄒ나 不得홀지며 且, 公法和約이 雖有ᄒ나
能히 施行치 못ᄒ리니 彼, 泰西各國은 經營이
夙午ᄒ야 如狂如醉히 兵船과 火器를 日新ᄒ
며 學術의 硏究를 益精ᄒ야 敎育의 熱
心홈은 皆 普通敎育의 根本을 立코져홈이니

第二課　博愛

凡、社會中人은皆、平等이라區別이元無호나或、才識이特出호者도有호며或、冥頑沒覺호者도有호며家資가巨萬에至호者도有호며貧호야擔石이無호者도有호지라其、智愚貧富의不齊홈으로써上中下社會의別이有호니此는地球上各國이能免치못홈이라然호나文明의國은其人民이博愛의道를講究호야衣食과日用의費를節호야大小學堂과圖

高等小學讀本

三

書舘과博物舘과花園等을多設ᄒᆞ야愚眛ᄒ
며貧苦ᄒᆞᆫ人으로ᄒᆞ야곰智者의賜를受ᄒᆞ며
生存의樂을享ᄒᆞ야써其進取의念을發ᄒᆞ며
其憂感의心을絶ᄒᆞ야平等에漸歸케ᄒᆞ고未
開의國은其人民이遊惰에慣ᄒᆞ야謀生에拙
ᄒ고恒產이無ᄒᆞ야妄想이生ᄒᆞᄂᆞᆫ故로小ᄒ
즉奸을作ᄒᆞ고大ᄒᆞᆫ즉亂을造ᄒᆞ나니人民이
如此ᄒᆞ면社會의振興이無ᄋᆞᆯ지라今에節
儉을尙ᄒᆞ며勤勞를勉ᄒᆞ야博愛의道를行ᄒ
디公益에關ᄒᆞᆷ이有ᄒᆞ면有力ᄒᆞᆫ者ᄂᆞᆫ量力資

90

助ᄒ고 無力ᄒ者ᄂ 勸化愚頑ᄒ야 博愛의 主
義ᄅ 必取ᄒ지니라

第三課　原兵

競爭은 生物의 理라 微物의 蜂蟻도 相鬪ᄒ이
有ᄒ거던 況人類 l라오 文明이 愈進ᄒᄉ록 競
爭이 尤多ᄒᄂ니 古今史策을 觀ᄒ건디 數十
年間에 戰爭의 無ᄒ이 未有ᄒ야 優勝劣敗의
蹟을 昭然可考ᄒ지라 是以로 世界列邦이 各
其 兵을 養ᄒ며 武ᄅ 習ᄒ야셔 防禦ᄅ 務ᄒ며
戰鬪ᄅ 備ᄒ야 今日에 和平으로 結約ᄒ얏다

五

91

가 明日에 干戈로써 相尋ᄒᆷ에 至ᄒᆞ니 此時代
를 當ᄒᆞ야 文에 恬ᄒᆞ고 武에 嬉ᄒᆞ야 競爭의 心
이 無ᄒᆞᆫ 者ᄂᆞᆫ 其疆土의 權利를 保ᄒᆞ며 人民의
享福을 圖코져ᄒᆞ나 豈得ᄒᆞ리오 然ᄒᆞ나 兵은
徵兵의 道에 莫善ᄒᆞ니라

第四課 徵兵

盖, 徵兵은 國家를 自己의 身家와 同視ᄒᆞ야 一
朝에 事ㅣ 有ᄒᆞ면 農者ᄂᆞᆫ 其耰鋤를 棄ᄒᆞ며 工
者ᄂᆞᆫ 其斧鋸를 捨ᄒᆞ야 父母를 別ᄒᆞ며 兄弟를
離ᄒᆞ고 矢石銃劒의 間에 立ᄒᆞᄂᆞ니 其身을 不

愛ᄒᆞᄂᆞᆫ者ᅵ孰有ᄒᆞ며오마ᄂᆞᆫ特宗廟丘壟의

所在ᄒᆞᆫ者ᅵ卽國이오田宅財産의所托ᄒᆞᆫ者ᅵ

一卽國이라豈我一身을惜ᄒᆞ야祖國을不保

ᄒᆞ리오故로戰陣에一臨ᄒᆞ면進ᄒᆞᆷ은有ᄒᆞ고

退ᄒᆞᆷ은無ᄒᆞ야必勝乃己ᄒᆞ되彼募兵은雇僕

과無異ᄒᆞ야家務를整理ᄒᆞᆷ이終是主人만不

如ᄒᆞ니此ᄂᆞᆫ徵募의別이有ᄒᆞᆫ故ᅵ라凡我靑

年은今日學生이他日貔貅로視ᄒᆞᆷ도必有ᄒᆞ

리니願컨디讀書ᄒᆞᆫ眼에兵事를講究ᄒᆞ야ᄊᆞ

不虞를備ᄒᆞᆯ지어다

第五課 戀家戀鄉非愛國

家與鄉은 社會의 最切近한 者ㅣ라 故로 國을

愛ᄒᆞᄂᆞᆫ 者ᄂᆞᆫ 其家與鄉을 愛ᄒᆞᆷ으로 始ᄒᆞᄂᆞ니

蓋父母兄弟의 團聚와 鄰里故舊의 追隨ᄒᆞᆷ이

此豈人世의 至樂이아니리오 然ᄒᆞᆫ즉 愛ᄒᆞᆷ은

可ᄒᆞ거니와 戀ᄒᆞᆷ은 不可ᄒᆞ니라 世에 家鄉을

戀ᄒᆞᄂᆞᆫ 者ᄂᆞᆫ 心計가 米鹽의 不出ᄒᆞ며 足跡이

鄉里에 僅入ᄒᆞ야 家에 離ᄒᆞᆷ이 百里만되면 別

淚ㅣ 盈襟ᄒᆞ고 門에 出ᄒᆞᆷ이 兼旬이되면 歸心

이 如箭ᄒᆞ니 若是ᄒᆞᆫ 者ᄂᆞᆫ 其志趣가 必卑ᄒᆞ며

94

聞見이必陋ᄒ지라國에何補ᄒ미이有ᄒ리오

大抵萬家의邑에長老ᄂ經商遠出ᄒ고子弟ᄂ遊學四方ᄒ면邑中에開明의士와殷實의戶가必多ᄒ리니此ᄂ遠遊의效라嗚呼라男子가國家에有志ᄒ者ᄂ或氷荒炎熱의地라도可히周遊ᄒ야一藝一技를能學ᄒ야써功業을建ᄒ며名譽를樹ᄒ을思ᄒ지니人이豈可ᄒ偏下에老死ᄒ야世에無聞ᄒ穀蟲을甘作ᄒ리오

第六課　紅黑種

95

西人이 有言曰 天下에 足히 英雄의 淚를 下케ᄒᆞ며 壯士의 氣를 短케ᄒᆞᆯ者ᄂᆞᆫ 窮이 是라ᄒᆞ니 彼夫, 鰥寡孤獨四者의 民이 爲大ᄒᆞ나 然ᄒᆞ나 猶其, ᄂᆞᆫ 能히 其故國에 居ᄒᆞ며 故里에 在ᄒᆞ야 猶其, 行動을 自由ᄒᆞ며 文字를 自學ᄒᆞ며 言語를 自伸ᄒᆞ며 且慷慨悲歌를 自唱自和ᄒᆞ디 但, 國이 無ᄒᆞᆫ人은 或不毛의沙漠과 未闢의島嶼로 移散ᄒᆞ야 肢體를 束縛ᄒᆞ며 口舌을 結緘ᄒᆞ야 驅駕鞭策을 牛馬와 同히ᄒᆞ야 人類에 不齒ᄒᆞᄂ니 此ᄂᆞᆫ 天地에 至窮ᄒᆞᆫ 物이라 鰥寡孤獨에 比

96

흠을豈得ᄒ리오嗚呼라亞米利加洲의紅人
種과亞非利加洲의黑人種을鑑ᄒ야我靑年
은國土의保全홈을吾身의保全홈과同一히
思惟ᄒ야我ㅣ가自强홈을奮勵ᄒ지어다

第七課　自顧

昔에二人이同行ᄒ야一樹林에過ᄒ서互相
議定ᄒ되或中途에難을遇ᄒ거던彼此ㅣ相
助ᄒ리라ᄒ더니行ᄒ기를數步가못되야一
熊이林中으로從ᄒ야奔出ᄒ거늘其一人은
身體가輕捷ᄒ야樹에升ᄒ야避ᄒ고其一人

97

은驚㤼ㅎ야地에仆
ㅎ야息을閉ㅎ고死
人과如히靜臥ㅎ니
熊이至ㅎ야嗅ㅎ고
以爲己死라ㅎ야捨
去ㅎ는지라熊이已
去ㅎ믹升樹ㅎ얏던
者ㅣ友前에趍至ㅎ
야問曰我ㅣ가見ㅎ즉熊이爾耳에附ㅎ야密
語ㅎ고去ㅎ니何語를聞ㅎ얏ㄴ뇨友曰彼가

98

他語는 無ᄒ고 但, 曰汝는 愚人이로다 不然이면 膽小ᄒ人에게 靠托흠이 必無ᄒ리라ᄒ얏다ᄒ니 彼, 膽小ᄒ者는 險難을 一遇ᄒ면 友를 棄ᄒ고 約을 背ᄒ는 故로 此에 可히 自私自便의人은 足히 友誼를 與言치 못홈을 見홀지니라

第八課 局見

蛙는 井, 底에셔 生長ᄒ物이라 此外에는 何等 海洋이 有홈을 不知ᄒ더니 一海龜ㅣ 偶過ᄒ다가 其, 井中에 跌入ᄒ거늘 蛙ㅣ 迎問曰 君이

何로 從ᄒ야 此에 至ᄒ료

龜ᅵ 答曰 海로 從來ᄒ노

라 蛙ᅵ 聞ᄒ고 井圍를 指

ᄒ야 問曰 海의 大小가 此

와 如何ᄒ료 龜曰 此에 較

ᄒᆞ바ᅵ 아니이라 蛙ᅵ 井

垣을 繞行ᄒ다가 又 問曰

海가 能히 如此히 大ᄒ료

龜曰 此에 較ᄒ면 萬倍나

甚大ᄒ니라 蛙曰 然ᄒ즉

100

海의 大홈이 何如ᄒ뇨 龜曰君이 井에 在ᄒ야

井外에는 如何ᄒᆫ 大洋이 有홈을 不知ᄒ니 此

는 所見이 不廣홈이라 若、海水를 論홀젼딘 君

이 十年을 游行ᄒ야도 能히 其半를 窺치 못ᄒ

리라ᄒᆫ딘 蛙曰天下에 如此ᄒᆫ 水가 豈有ᄒ리

오君의 出身홈ᄒ바를 自誇홈이라ᄒ얏다ᄒ니

凡人이 見聞에 局ᄒ야 其思想이 能히 遠大에

致치 못ᄒᄂᆫ 者는 此、井蛙의 類라ᄒ지니라

第九課　孟母의 敎子

古에 賢母가 能히 子를 敎ᄒ야써 大賢을 成ᄒ

101

者는 惟, 孟母仉氏
가 最著한지라 孟
母ㅣ 孟子로 ᄒᆞ야
곰 遊學케 ᄒᆞ고 家
中에서 紡織으로
써 從事ᄒᆞ더니 孟
子ㅣ 偶然히 倦ᄒᆞ

야 業을 不終ᄒᆞ시고 家에 返ᄒᆞ시거늘 孟母ㅣ
刀를 引ᄒᆞ야 其機를 自斷ᄒᆞ니 孟子ㅣ 懼ᄒᆞ샤
跪問ᄒᆞ신ᄃᆡ 孟母曰 子의 學ᄒᆞᆷ이 吾의 織ᄒᆞᆷ과

猶ᄒ야絲를積ᄒ야寸尺을成ᄒ고寸尺을不

已ᄒ면丈疋을成ᄒᄂ니今에兒ㅣ聖賢을學

ᄒ다가倦厭이生ᄒ야歸ᄒ니此는吾의布를

織ᄒ다가未成ᄒ고其機를自斷홈과如ᄒ다

ᄒ디孟子ㅣ感悟ᄒ야사更往ᄒ야業을成ᄒ샷

ᄉ니今에學生의父母도皆孟母의心이豈無

ᄒ리오宜各自孟子의心으로自勉ᄒ지어다

第十課　榜樣

一猴ㅣ有ᄒ야小孩의入塾홈을見ᄒ고美物

의可得홈이必有ᄒ릴가意ᄒ야塾에隨入ᄒ야

十七

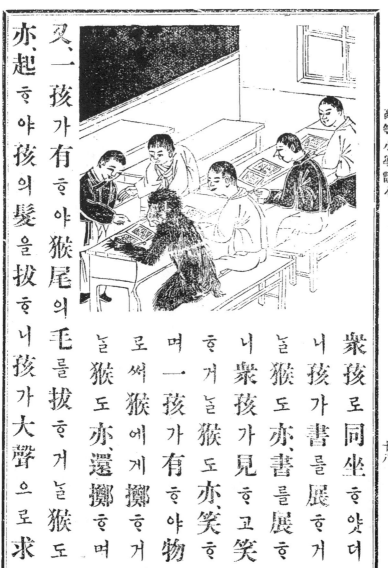

亦、起ᄒ야 孩의 髮을 拔ᄒ니 孩가 大聲으로 求

又、一孩가 有ᄒ야 猴尾의 毛를 拔ᄒ거늘 猴도

衆孩로 同坐ᄒ얏더
니 孩가 書를 展ᄒ거
늘 猴도 亦、書를 展ᄒ
니 衆孩가 見ᄒ고 笑
ᄒ거늘 猴도 亦、笑ᄒ
며 一孩가 有ᄒ야 物
로써 猴에게 擲ᄒ거
늘 猴도 亦、還擲ᄒ며

104

教홀시塾師ㅣ適至ᄒ야此猴를捉ᄒ니衆孩
가呼曰撃ᄒ라ᄒᆫ디師曰不可ᄒ다彼의所爲
ᄂᆫ皆、汝等의所爲ㅣ라汝等이今에好ᄒᆫ模範
으로써示ᄒ얏스면彼도必效ᄒ리라ᄒ고釋
去ᄒ얏다ᄒ니此로써觀ᄒ면汝에셔小ᄒ學
生이汝의模樣이或謹慎치못홈을見ᄒ즉其
所爲를必效홈이此猴와無異ᄒᄂᆫ故로汝等
은塾에在ᄒ야可히閒談을母ᄒ며分爭을勿
ᄒ야塾中이雍肅ᄒ야學問을增進홈을是務
홀지니라

第十一課　運動及遊戲

凡、人이 身體가 不健호 즉 心志가 必、不堅호고 心志가 不堅호 즉 能、事業을 樹立치 못홈으로 體操라 호는 것은 靑年學生으로 호야곰 身體를 健强히 호는 志氣를 堅固히 호야 他日 事業을 營爲케 홈이니 學生의 最必要홈이나 然호나 體操는 但、身體를 健强히 홈에 止홀 뿐이오 必、運動과 遊戲를 兼行치 아니호면 精神을 活潑케 호며 意志를 流動케 홈에 遺憾이 不無호 故로 遊戲와 運動은 體育의 不可缺홀 者ㅣ라

謂ᄒᆞ느니現今、世界列邦에學徒를敎育ᄒᆞᄂᆫ

者ㅣ體育을智育、德育과比重ᄒᆷ은此의故ㅣ

라然ᄒᆞ나遊戲와運動은必時間이有ᄒᆞ니食

後나及桾腹될時나或腦力을過用ᄒᆯ時에ᄂᆫ

劇熱ᄒᆫ運動을行ᄒᆷ이不可ᄒᆞ니盖身體의疲

困ᄒᆷ을因ᄒᆞ야新力이驟生치못ᄒᆞ면血管을

破裂ᄒᆞ며筋骨을損斷ᄒᆞᄂᆫ事ㅣ不尠ᄒᆞ니學

生은宜此를注意ᄒᆞ야徐徐히血脉을流通케

ᄒᆫ後에劇熱ᄒᆫ遊戲를行ᄒᆯ지니라

第十二課　自重

107

凡、衆人의 集合훈 所이던지 國家의 治安이던

지 法令條規가 必有홈은 諸生의 所知호는바

ㅣ라 假如學堂으로 論之홀지라도 課時나 或

寢時에 談笑를 不得홈이卽, 必有훈 條規ㅣ라 課

時에 談笑훈즉 敎學에 妨害됨이 不尠호고 寢

時에 喧譁훈즉 同室에 傍人이 其害를 蒙襲홀

지니 條規를 謹守홈이어 亦吾人의 自重호는 道

라 嘗、聞훈즉 日本의 或人이 道上에셔 遺溺훈

거늘 警察吏가 見호고 責曰 汝ㅣ가 禁令을 不

知호느냐 其人曰 我는 君이 不見훈다호야 遺

108

호얏노라 吏曰 是가 何言고 我ㅣ가 雖不見호

더라도 子는 獨自重호ᄂᆞ니 且禁令이

란者는 衆人을 爲호야 設홈이오 警吏를 爲호

야 設홈이아니라 若人人이 皆爾와如호즉道

路가 臭穢호야 行호ᄂᆞ者ㅣ 苦히 너일지니 子

에게ᄂᆞ 獨何利가有호가 其人이 乃慙謝호얏

다호니 學生은 尤宜此를 注意호야 一層戒愼

홈이 可홀지로다

第十三課　釋地層

土地ᄂᆞ 一時에 大塊로 凝結ᄒᆞᆫ者ㅣ아니오 빠

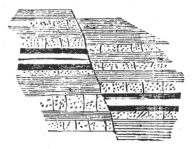

代의 變遷을 隨ᄒ야 漸次 結成ᄒ

者인 故로 地殼의 各層이 有ᄒ을

地層이라 謂ᄒᄂ니 其 各層마다

動植의 遺跡이 在ᄒ지라 地層의

最深ᄒ者는 卽 最初 地層이니 何

許 動植物의 遺跡이 無ᄒ고 有ᄒ

바 礦石은 皆 花崗石, 深紅石의 類니 此는 熱을

經ᄒ야 鎔化ᄒ야 漸次 凝結ᄒ者오 其上은 卽,

第一 地層이오 又, 其上은 卽 第二 地層이니 其

礦石은 片剝石(石紋이 成ᄒ者를 片이라) 青石, 砂石, 石灰石 等이

니其動植物의遺跡은皆今世에所見이아니
라植物의形體가甚簡ᄒ고動物의形은海魚
와似ᄒ며又蜥蜴과如ᄒᆫ者도有ᄒ고又其上
은第三地層이니其礦石은砂와埴과石炭石,
石膏石,礦,壚,鐵礦等이오動植物의遺跡은略,
今世物과相類ᄒ고最上層은即第四地層이
니礦石은砂와泥와溫石과砂礫等이오其動
植物의遺跡은皆今世와彷彿ᄒ며人類의屍
骨도亦有ᄒᄂ니라

第十四課 敎學의效果

111

夫動物이라ᄒᆞᄂᆞᆫ 것은 知覺이 有ᄒᆞᆷ으로 能、痛癢과 寒暖을 知ᄒᆞ며 能運動ᄒᆞ야 陸上에 飛走ᄒᆞ며 水中에 游泳ᄒᆞ며 且天才가 有ᄒᆞ야 巧思로써 居住를 營ᄒᆞ며 食物을 取ᄒᆞᄂᆞᆫ 者ㅣ 多ᄒᆞ니 如燕雀의 巢를 構ᄒᆞᆷ과 蜂薑의 房을 造ᄒᆞᆷ과 螻蟻의 穴과 蜘蛛의 網이 是라 惟人의 才能은 必敎學을 由ᄒᆞ야 成ᄒᆞ거ᄂᆞᆯ 彼禽蟲은 天然ᄒᆞᆫ 才能이 有ᄒᆞ야 敎學을 不須ᄒᆞ야도 能ᄒᆞ나 然ᄒᆞ나 禽蟲은 其才思의 能ᄒᆞᆷ이 自古至今으로 皆一同ᄒᆞᆫ 式샌이오 前進ᄒᆞᆷ을 未聞ᄒᆞ얏스나

112

人은 教學으로 由ᄒᆞ야 舊法을 變ᄒᆞ야 新智를
翔ᄒᆞ며 昔習을 改ᄒᆞ야 新想을 發ᄒᆞᆷ으로써 世
代를 隨ᄒᆞ야 前進ᄒᆞᆷ이 有ᄒᆞ니 是ᄂᆞᆫ 教學의 効
果라 靑年은 宜此를 思ᄒᆞ야 敎에 服ᄒᆞ며 學에
勤ᄒᆞ야 益益新智의 發展ᄒᆞᆷ을 努力ᄒᆞᆯ지니라

第十五課　水

水는 明透ᄒᆞᆫ 流質이라 一勺의 水는 生色이 無
ᄒᆞ나 滙ᄒᆞ야 大水가 되면 靑綠色을 作ᄒᆞᄂᆞ니
水가 高山으로브터 下ᄒᆞ야 或懸瀑이 되며 大
水가 高山으로브터 下ᄒᆞ야 或懸瀑이 되며 大
者는 江河가 되야 浸潤灌漑ᄒᆞ야 海에 達ᄒᆞ니

113

地面이나 地中의 水泉이 貫注홈은 人身의 血
脈과 如ᄒ며 又, 水中에 礦鹽을 含ᄒ者는 名을
礦質水라ᄒ고 其水가 地에 出ᄒ면 名을 溫泉
水라 可病을 療ᄒ며 飮品의 中에 水가 最佳ᄒ
야 能消化에 利ᄒ고 性情을 和케ᄒ며 飮水의
人은 高壽를 多享홈으로 水는 養生의 要物이
라ᄒ나 可飮과 不可飮의 別이 有ᄒ니 若, 羹을
에 沸가 易ᄒ며 皀를 入홈에 化가 易ᄒ며 蔬를
烹홈에 熟이 易ᄒ면 可飮의 水오 海水의 含壚
이 過多ᄒ者는 必蒸ᄒ야 滷를 成ᄒ면 復水를

114

化ᄒᆞ야 飮料가 되ᄂᆞ니 航海ᄒᆞᄂᆞᆫ 者ㅣ 海水를

飮흠에 此法을 用ᄒᆞ면 煤百斤에 約水六七石

을 可蒸ᄒᆞᆯ지니 顯微鏡으로써 窺ᄒᆞ면 水中의

微蟲이 無數游泳흠으로 水濁ᄒᆞᆫ 者ᄂᆞᆫ 砂炭等

兩物로써 疊層을 積成ᄒᆞ야 濾ᄒᆞᆫ 後에 用ᄒᆞᄂᆞ

니라

第十六課　地球

地球라흠은 何를 謂흠이뇨 天에 星의 類가 二

種이 有ᄒᆞ니 其位置를 一定不變ᄒᆞᆫ 者ᄂᆞᆫ 恒星

이라 謂ᄒᆞ고 太陽을 環繞ᄒᆞ야 轉ᄒᆞᄂᆞ 者ᄂᆞᆫ 行

星이라 謂ᄒᆞᄂᆞ니 地球ᄂᆞᆫ 行星의 一이라 其形

星의 圓홈이 球와 如ᄒᆞᆫ 故로 地球라 謂홈이니

體의 圓홈이 球와 如ᄒᆞᆫ 故로 地球라 謂홈이니

116

即吾人의居生ᄒᆞᄂᆞᆫ大地全體라五大洋과五

大洲가此地球上에位置ᄒᆞ니其體가東西ᄂᆞᆫ

直徑이稍長_{七千九百二十五英里}ᄒᆞ고南北은直徑이稍短

七千八百九十九英里ᄒᆞᆷ으로橢圓體_{形柑子}라謂ᄒᆞᆷ이라地球가

常動轉不息ᄒᆞ야中心의直線으로軸을삼아

每日에西로브터東으로向ᄒᆞ야一周를旋轉

ᄒᆞ면一晝夜를成ᄒᆞ니是를日動이라亦曰私

轉이라ᄒᆞ고又地球가太陽을繞ᄒᆞ야三百六

十五日과又六小時를歷行ᄒᆞ야一周ᄒᆞ면一

年을成ᄒᆞ니是를年動이라ᄒᆞ며又日公轉이라ᄒᆞ

ㄴ나라

第十七課　五大洋五大洲

地球를畫ᄒ야東西에分ᄒ니曰東半球、曰西
半球라ᄒ고全球를環ᄒ야皆水의所聚라其、
大洋을分ᄒ이五가有ᄒ니亞細亞洲로由ᄒ
야東으로亞美利加洲에至ᄒ기는太平洋이西
有ᄒ고歐羅巴洲와阿斐利加洲로由ᄒ야西
으로阿美利加洲에至ᄒ기는大西洋이有ᄒ
고亞洲의南과澳太利洲의西와阿斐利加洲
의東에ᄂ印度洋이有ᄒ고南北両極에ᄂ南

118

氷洋과 北氷洋이 有ᄒᆞ니 氣候가 酷冷ᄒᆞ야 終

歲토록 積氷이 不鮮ᄒᆞᆷ으로 人의 足跡이 鮮到

ᄒᆞ지라 其 五大洋의 間에 東半球에ᄂᆞᆫ 四大洲

가 有ᄒᆞ니 曰 亞細亞洲, 歐羅巴洲, 阿斐利加洲,

澳大利亞洲ㅣ니 是를 舊世界라 謂ᄒᆞ고 西半

球에ᄂᆞᆫ 一大洲가 有ᄒᆞ니 曰 南北亞美利加洲

ㅣ니 是를 新世界라 謂ᄒᆞᄂᆞ니라

第十八課　亞細亞洲

亞細亞洲ᄂᆞᆫ 卽 吾人 所居ᄒᆞᄂᆞᆫ 東洋이니 五大

洲中의 最大ᄒᆞᆫ 者ㅣ라 東은 太平洋을 臨ᄒᆞ고

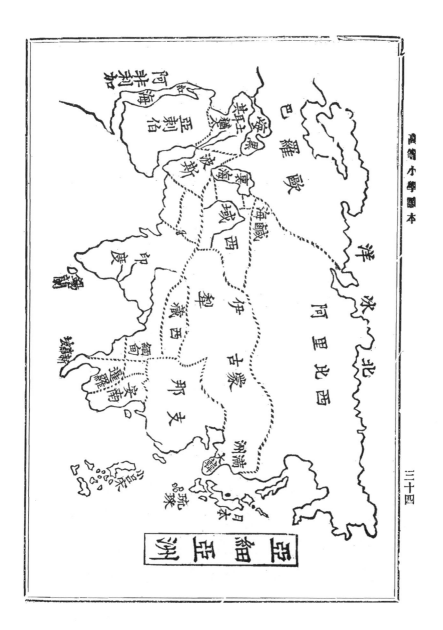

120

南은澳洲又云濠洲를接ᄒ고西南은印度洋를橫ᄒ
고西는斐洲와歐洲를界ᄒ고北은氷洋에附ᄒ
ᄒ니其開闢이最早ᄒ야文化로써五洲에第
一이더니近百年來로는俄羅斯는北에雄ᄒ
고英吉利는南에長ᄒ고其餘法蘭西德意志
等의諸國도亦復蠶食虎噬ᄒ야亞洲大國에
如印度ㅣ라如西藏이라如波蘭이라小國은
如安南이라如緬甸이라ᄒ는諸國이一個도
餘存者ㅣ無ᄒ고惟我大韓과支那와日本의
三國이尙在ᄒ야號稱東洋의鼎足이라ᄒᄂ

121

니嗚呼라我韓도現今艱危에極호니努力을
지어다靑年아

第十九課　貧而勤學

京城市街中에十二
三歲되는一童子가
有호니衣服은藍縷
호고兩足은徒跣호
앗는디各種報章을
手持호고路上에셔
呼賣호거늘一老人

122

이 其狀을 見ᄒ고 矜憐히녀겨 問曰汝年이尙

幼ᄒ거늘 何故爲此ᄒᄂ뇨 童子ㅣ答曰余의

家中에 惟母子의二人뿐인ᄃᆡ 甚히貧乏ᄒ야

書塾에 欲就ᄒ나 學費를難得ᄒᆷ으로 此業에

從事ᄒ야 少贏을得ᄒ면써 學資를供코져ᄒ

노라 老人曰汝ㅣ 旣爲此ᄒ거늘 又何餘暇

ㅣ有ᄒ야能就塾코져ᄒᄂ냐 童子曰我ㅣ가

每日에必早起ᄒ야各報館의報章을市에賣

ᄒ면約二小時를費ᄒ지라故로尙就塾에及

ᄒ고 惟日中은暇晷ㅣ無ᄒ故로課業에當預

123

備及溫習을者는皆夜間에爲ᄒᆞ노라ᄒᆞ고語次에狀甚忽遽ᄒᆞ야日九點鍾이將至ᄒᆞ니急히赴塾ᄒᆞᆫ다ᄒᆞ거늘老人日汝의未售ᄒᆞᆫ報가尙多ᄒᆞ니行將奈何오童子日亦、無如何라ᄒᆞ딕老人이戚然히其言을感ᄒᆞ야日善哉라汝ㅣ能、勤苦홈이乃善이니他日所造를可知ᄒᆞᆯ지라ᄒᆞ고乃其餘報를盡買ᄒᆞ고童子로ᄒᆞ곰塾에速往케ᄒᆞ니라

第二十課　覓島奇功

昔時에西洋人이西半球에南北亞米利加洲

洋을 向하야 曠地를 尋하더니 此時눈 輪舶이

의 有홈을 不知하더니
歐羅巴洲에 一名人 컬
넘버스가 有하야 地學
에 究心하며 常日 地球
눈 是 圓物이라 若半球
에눈 地가 有하고 牛球
눈 盡是 海水쑌인즉 輕
重이 不均하야 旋轉키
不能할지라 故로 太平

125

無흠으로 但、帆船을 用ᄒᆞ야 周行數年에 地를
不見ᄒᆞ고 粮食이 將盡ᄒᆞ거늘 其同行人이 其、
回去흠을 勸ᄒᆞ되 不肯ᄒᆞ되 衆人이 皆怨ᄒᆞ야
컬넘버스를 海中에 欲投ᄒᆞ더니 忽然一鳥가
飛來흠을 見ᄒᆞ고 即 衆人에게 謂ᄒᆞ야 曰 此處
一當離岸不遠ᄒᆞ리로다 不然이면 此鳥가 何
處를 從ᄒᆞ야 棲息ᄒᆞ리오 行ᄒᆞ지 數日에
果然一大地를 發現ᄒᆞ고 逐國王에게 回告ᄒᆞ
야 墾闢成市ᄒᆞ니 此ᄂᆞᆫ 即美洲ㅣ라 至今美國
人이 컬넘버스의 功을 崇仰ᄒᆞᄂᆞ니라

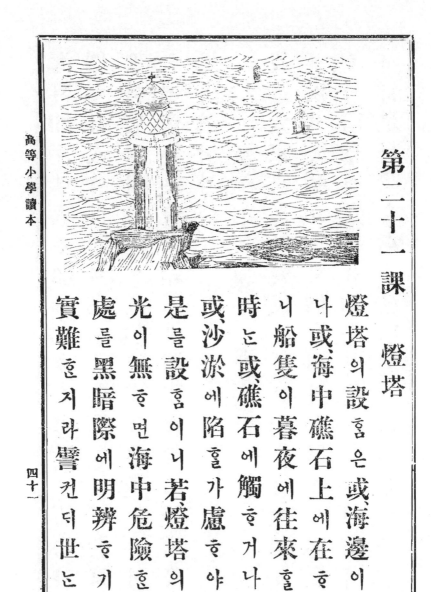

第二十一課　燈塔

燈塔의 設흠은 或海邊이
나 或海中礁石上에 在흥
니 船隻이 暮夜에 往來흘
時는 或礁石에 觸ㅎ거나
或沙淤에 陷흘가 慮ㅎ야
是를 設흠이니 若燈塔의
光이 無ㅎ면 海中危險흔
處를 黑暗際에 明辨ㅎ기
實難흔지라 譬컨디 世는

四十一

127

海와 如ᄒᆞ고 人은 船과 如ᄒᆞ고 書籍은 燈塔과
如ᄒᆞ니 人이 世間에 在ᄒᆞ야 書籍으로써 智識
을 啓發치 아니ᄒᆞ면 危險의 虞를 難免ᄒᆞ리니
一般 靑年은 宜書籍으로써 引筏ᄒᆞᄂᆞᆫ 燈塔을
삼을지니라

第二十二課 太宗雨

我 太宗께오셔 愛民ᄒᆞ시ᄂᆞᆫ 聖念이 懇切ᄒᆞ
샤 疾이 大漸ᄒᆞ샤ᄃᆡ 猶眷眷히 天旱으로 爲憂
ᄒᆞ샤 日今에 亢旱이 如此히 甚ᄒᆞᆫ지라 田家에
셔 每是月 即 五月 을 當ᄒᆞ면 旱災를 可憫ᄒᆞ니 予ㅣ

128

가死ᄒ면當上帝ᄭ告ᄒ야雨를降케ᄒ리라

ᄒ시고遂賓天ᄒ샷는디是日에果大雨가

降ᄒ니卽壬寅夏五月十日이라是로브터每

年마다此日에至ᄒ면必沛然히雨를降ᄒᆷ으

로民間이號ᄒ야曰太宗雨라ᄒ니其後에此

事를紀頌ᄒ야歌詠에騰ᄒ고科題에試ᄒ니

라

第二十三課　鑄字

我太宗ᄭ오셔嘗日我國은書籍이未備ᄒ

야雖博覽코져ᄒ야도板刻이容易치못ᄒᆯᄉᆡᆫ

더리 頑缺ᄒᆞ니 寙銅을 範ᄒᆞ야 活字를
鑄ᄒᆞᆯ지라ᄒᆞ시고 遂詩書와 左傳字를 摸ᄒᆞ야
活字를 鑄ᄒᆞ시니 於是에 各種書籍을 印佈ᄒᆞ
야 全國에 廣케ᄒᆞᆫ지라 其後에 是를 丁亥字라
謂ᄒᆞ고
世宗庚子年에 更小樣字를 鑄ᄒᆞ시니 名을 庚
子字라ᄒᆞ고 又首陽大君(世祖)을 命ᄒᆞ샤 網目
의 大字를 書ᄒᆞ야 銅으로써 字를 鑄ᄒᆞ시니 即
今 網目印頒ᄒᆞᆫ 思政殿訓義의 字가 是오 壬子
에 又 安平大君瑢을 命ᄒᆞ샤 字를 書ᄒᆞ야 鑄ᄒᆞ

130

시니 即,壬子字오

世祖ㅣ姜希顔을 命ᄒ샤字를 書ᄒ야 改鑄ᄒ

시니 即,乙亥字오 其後에 鄭蘭宗의 書ᄒ바 乙

酉字가 有ᄒ고

成宗朝에 辛卯字,癸丑字가 有ᄒ니 實로 世界

萬國에 活字의 嚆矢가 되니라

第二十四課 臥薪嘗膽

昔,支那春秋時에 越王句踐이 吳王에게 戰敗

ᄒ을 被ᄒ야 越이 吳에 臣屬이되얏더니 越王

이 常時에 報讎雪耻의 念을 懷ᄒ야 困ᄒ면 薪

膽의 志를 勿忘ᄒ야 痛을 忍
아니라 其國民된者도 亦、薪
을 被ᄒ者는 國君만 然ᄒᆯ샏
嗚呼라 後世에 列强의 凌辱
滅ᄒ고 諸侯에 覇ᄒ얏스니
니ᄒ으로 其後에 終乃 吳를
日이라도 吳의 讎를 忘치 아
며 食을 敢히 飽치 못ᄒ야 一
嘗ᄒ야 寢을 敢히 安치 못ᄒ
上에 臥ᄒ고 渴ᄒ면 豬膽을

흐며 忿을 發ᄒ야 人人마다 自强의 道에 前進

不已ᄒ면 可히 國權의 鞏固ᄒ는 日을 見ᄒ리라

第二十五課　戒賭技

凡人이 世에 處흠이 政事가 有흔 者는 政事를
務ᄒ고 家計가 有흔 者는 家計를 務ᄒ고 學業
을 修ᄒ는 者는 學業을 務ᄒ고 農業이 有흔 者
는 農業을 務ᄒ고 工業이나 商業이나 何等事
業을 經營ᄒ는 者는 各其事業을 務흘지오 事
務가 無흘 時에도 又 一藝一業으로 歲月을 浪

133

費치아니홈이可호거늘奈何로賭技을好호는人는身家를不計호고性命을不顧호야始에는他人의財를貪호야坑穽에陷入호며終에는吝惜의情이生호야妄히復本호기를想호다가囊이罄호고產이盡호야써家를蕩호고業을敗홈에至호느니蓋切友와至戚이라도賭場에一入호면頃刻에顏을反호고一錢의得失로怒詈를相加호야怨을構호며讐를結홈이此에셔甚홈이無호니父兄과師長된者는最嚴禁홀바ㅣ니라

134

第二十六課

犬墳曲

全羅道南原郡에葵
樹驛이有ᄒᆞ니昔에
金盖仁이라ᄒᆞ눈人
이一犬을畜ᄒᆞ되甚、
憐愛ᄒᆞ더니嘗一日
은出行ᄒᆞᆯ서犬도亦、
隨行ᄒᆞ눈지라盖仁
이醉ᄒᆞ야道傍에昏

睡호시適野火가燒及호거늘犬이其身을川水에濡호야往來環繞호며身의水를草茅에潤호야火의及홈을絕케호다가氣盡호야自斃호지라及蓋仁이旣醒홈이犬의跡을見호고大感호야歌를作호야써哀를寫호고且犬을厚瘞호고杖을植호야써志호얏더니杖이生芽호야樹를成호故로因, 獒樹驛이라名호니今, 樂府에犬墳曲이有호지라蓋, 人의食을食호고患難에臨호야身으로써救濟치아니호눈者는此犬만不若호도다

第二十七課 投金津

高麗恭愍王時에 民이兄弟가有ᄒᆞ야偕行ᄒᆞ더니黃金一錠을得ᄒᆞᆫ지라其牛으로ᄡᅥ兄을與ᄒᆞ고孔巖津^{在今陽川川}에至ᄒᆞ야同舟共濟ᄒᆞᆯ시牛渡에及ᄒᆞ야弟가忽金을將ᄒᆞ야

水에 投ᄒ거늘 兄이 惟問ᄒᆫ되 弟曰吾ㅣ平日
에 兄을 愛ᄒᆷ이 甚篤ᄒ더니 今에 金을 分ᄒᆷ이
忽然히 兄을 猜忌ᄒᆯ心이 萌ᄒ니 此ᄂᆫ 不祥의
物이라 江에 投ᄒ야 忘ᄒᆷ만 不如ᄒ다ᄒ니 兄
曰汝言이 誠是라ᄒ고 亦金을 水에 投ᄒᆷ으로
其津을 投金津이라 名ᄒ니 世에 財利로 由ᄒ
야 兄弟間에 友愛를 傷ᄒ고 反目ᄒᆷ에 至ᄒᄂ
者ᄂᆫ 此를 鑑戒ᄒᆯ지니라

第二十八課 頴悟

文孝公尹孝孫은 南原人이니 其父處寬이 議

138

政府錄事가되야淸
晨에相公朴元亨의
門에往ᄒ야投刺ᄒ
되閣人이相公이寢
ᄒ다辭ᄒ고通치아
니ᄒ거늘日이晩ᄒ
이饑困ᄒ으로歸家
ᄒ야孝孫다려謂曰
余ㅣ가不才ᄒ으로
喫辱ᄒ이至此ᄒ니

汝는 須業을 勤ᄒᆞ야 爾父와 如치 말나ᄒᆞᆫ디 孝
孫이 其名刺의 尾에 一詩를 書ᄒᆞ니 曰相國酣
眠日正高ᄒᆞ니 門前刺紙已生毛라 夢中에 若
見周公聖커던 須問當年吐握勞라ᄒᆞ얏더라
翌朝에 其父가 不省ᄒᆞ고 又往ᄒᆞ야 投刺ᄒᆞᆫ디
相公이 其詩를 見ᄒᆞ고 引入ᄒᆞ야 問曰 是ᄂᆞᆫ 汝
의 所題ᄒᆞᆷ이냐 處寬이 驚懼失措ᄒᆞ야 其字樣
을 審ᄒᆞ니 乃 其子의 筆이라 遂實로써 告ᄒᆞᆫ디
相公이 孝孫을 招見ᄒᆞᆫ즉 穎悟不凡ᄒᆞ지라 朴
公이 少女가 有ᄒᆞ야 方擇婿ᄒᆞ더니 其夫人에

140

게入語호야曰吾ー今에佳婿를得호얏다호
니夫人曰不可호다我女를豊錄事의兒로더
부러婚姻호리오호디朴公이不聽호고竟成
婚호얏더니後에果然名宰가되니라

第二十九課　救父

金虬는本朝成宗時人이라其父ー有罪호
야詔獄에下홈이罪人의子弟가其父兄을爲
호야陳疏乞哀혼디上이大怒호샤曰渠輩
ー無狀호야罪에陷호얏거늘又其子弟顯蒙
으로호야곰疏를冒進홈이尤痛惡이라호시

141

고 併捉入ᄒ라ᄒ신ᄃᆡ 諸人은 皆散走ᄒᄃᆡ 獨

虬가 不去라가 被執ᄒᆫ지라 上이 問曰汝ㅣ

가 童稚로ᄡᅥ 獨不去ᄒᆷ은 何오 對曰臣이 父를

救ᄒ기 爲ᄒ야 章을 上ᄒ얏거ᄂᆞᆯ 安敢히 逃ᄒ

리잇가 上曰 此疏ᄂᆞᆫ 誰가 作ᄒᆷ이오 對曰臣

의 作ᄒᆫ바ㅣ로소이다 上曰 誰가 書ᄒᆷ이오

曰對臣의 書ᄒᆫ바ㅣ로소이다 上曰 汝의 年

은 幾何오 對曰 十三이로소이다 又問汝父ᄂᆞᆫ

誰오 對曰 監察金世愚로소이다 上曰若欺

罔ᄒ면 罪ㅣ罔赦라ᄒ시고 命ᄒ야 惆早을 賦

ᄒ라ᄒ신ᄃᆡ虹ㅣ援筆立就ᄒ고尾에書ᄒ야

曰昔、東海寃婦도三年의旱을尙致ᄒ얏스니

聖主ㅣ此를軫念ᄒ시면成湯의千里雨를致

홈이不難ᄒ다ᄒ얏거늘　上이見ᄒ시고大

奇히녀이샤御筆로書ᄒ야　曰爾能文ᄒ고爾書

能書ᄒ니爾文을見ᄒ고爾父를放ᄒ며爾書

를見ᄒ고爾父의同寮를放ᄒ노니孝를忠에

移ᄒ라ᄒ시고諸四를特放ᄒ시다後에虹가

司馬를中ᄒ고文科에魁ᄒ야官이判官에至

ᄒ니라

143

第三十課　義犬吠盜

人이職이有ᄒᆞ면其職을必盡ᄒᆞᆷ이此를義務
라謂ᄒᆞᆯ지니犬도能히夜를守ᄒᆞᆷ도亦其一理
라昔에富人이有ᄒᆞ야老猫을畜ᄒᆞ더니一夜
ᄂᆞᆫ盜兒가室에入ᄒᆞ거ᄂᆞᆯ猫이怒ᄒᆞ야苦吠ᄒᆞᆫ
딕盜가餌를擲ᄒᆞ야猫을飼ᄒᆞ니盜의意ᄂᆞᆫ猫
이食을貪ᄒᆞ야不吠ᄒᆞᆷ을冀호딕猫이食物을
不顧ᄒᆞ고一向咆哮ᄒᆞᆷ으로翁이甘夢을先覺
ᄒᆞ야盜에게見失ᄒᆞᆷ을免ᄒᆞ얏다ᄒᆞ니彼、封疆
의臣이나干城의將으로써敵의犯境ᄒᆞᆷ을見

144

ᄒᆞ고 或、略遺를 貪ᄒᆞ야 防禦를 踈忽히 ᄒᆞ며 或、

城池를 讓與ᄒᆞᄂᆞᆫ 者ᄂᆞᆫ 此老猾만 不如ᄒᆞ도다

第三十一課　嘉俳日

我國俗이八月十五日을嘉俳日이라稱ᄒᆞᆷ은

新羅時에始起ᄒᆞᆷ이니其源由를溯考ᄒᆞ건ᄃᆡ

新羅儒理王時에王이六部를命ᄒᆞ야王女二

人으로ᄒᆞ야곰部內女子를各率ᄒᆞ고左右로

分隊ᄒᆞ야七月旣望으로브터每日早에宮庭

에集ᄒᆞ야麻를績ᄒᆞ되乙夜에罷케ᄒᆞ고八月

望日에至ᄒᆞ야ᄂᆞᆫ其女功의多少를考試ᄒᆞ야

145

負한者는酒食을具備하야勝한者를供饋홈을

是日은歌舞와百戲를作하고嘉俳日이라

謂하더니是時에負한家에一女子가起舞하

며歎息하야曰會蘇라하니其音이哀雅凄切

호지라後人이其聲을因하야歌를作하니名

曰會蘇曲이라하나라

第三十二課　碓樂

新羅慈悲王時에百結先生이有하니家貧하

야衣服을百結홈으로因하야號를作하나니

恒常琴一張으로自隨하야凡喜怒悲歡이有

호면 皆, 琴으로써 宣호더
니 歲除日을 當호야 隣里
에셔 皆, 米穀을 舂호는지
라 其妻ㅣ 杵聲을 聞호고
泣호거늘 我는 獨無호니
春호야 曰 他人은 皆, 穀을
何以 歲를 卒호고 先
生이 歎호야 曰 死生이 命
이 有호고 富貴가 天에 在
호니 君은 無傷호라 호고 乃, 琴을 鼓호야 杵聲

147

을 作호며써 其妻를 慰호니 世人이 此를 傳호

야 碓樂이라 謂호느니 此는 貧을 安호고 分을

守호는 達士라 호리로다

第三十三課　戒惰

天이 旣生人홈이 其本分의 義務를 當自盡홀

지니 學生은 學業을 盡홀지오 卒業호 後는 生

活의 事業에 盡홀지라 昔에 一農夫가 有호야

性이 甚懶호더니 一日은 天氣가 晴明호거놀

其妻다려 謂曰農時가 至호얏스니 時를 失호

야 不耕호면 乏食홈을 難免홀지니 明日은 食

148

을 부ᄒ고 田에 往ᄒ야 必耕種에 從事ᄒ리라

ᄒ더니 及明日에 飯을 早ᄒ고 耕具를 裝ᄒ야

田에 將往ᄒ려ᄒᆯ 際에 忽隣人이 有ᄒ야 會飮

흠을 邀請ᄒ거ᄂᆞᆯ 農夫가 半晌이나 遲疑ᄒ다

가 卽決然ᄒ야 曰今日은 往飮이 何害ᄒ리오

明日에 耕種흠이 未晚이라ᄒ고 仍赴飮ᄒ얏

다가 又明日에ᄂᆞᆫ 宿醉가 未解ᄒᆞᆷ으로 頹臥ᄒ

야 能起치못ᄒ고 乃曰明日을 姑竢ᄒ리라ᄒ

더니 又明日은 天이 陰雨ᄒ야 欲耕호ᄃᆡ 不得

ᄒ고 又明日은 雖天晴ᄒ나 牛가 病ᄒ야 不能

149

ᄒ고 牛의 病愈를 待ᄒ더니 又別他事故가 有
ᄒ야 外方에 出行ᄒ얏다가 歸ᄒ즉 耕種의 期
가 已過ᄒ므로 是年은 農事ᅵ歎을 致ᄒ얏다
ᄒ니 嗚呼라 人生이 世에 在ᄒᆷ이 今日에 明日
事를 安知ᄒ리오 當爲ᄒᆯ者는 卽爲ᄒᆷ이 可ᄒ
니 學生이 學業에 從事ᄒᆷ도 農夫의 耕作과 同
ᄒ야 一日이라도 推過ᄒ면 此農夫와 如히 失
時의 歎이 無ᄒᆯᄂᆞᆫ지 安知ᄒ리오 靑年은 宜此
를 深戒ᄒᆯ지니라

第三十四課 木州曲

150

高麗時에 木州(今木川)에 一孝女가 有ᄒᆞ야 父와 及
後母를 事ᄒᆞ디 孝로써 聞ᄒᆞ더니 父가 後母의
讒에 惑ᄒᆞ야 女를 逐ᄒᆞ디 女ㅣ 忍去치 못ᄒᆞ고
留ᄒᆞ야 父母를 養홈이 益勤不怠ᄒᆞ나 父母ㅣ
愈怒ᄒᆞ야 又逐ᄒᆞ거늘 女ㅣ 不得已辭去ᄒᆞ야
一、山中에 至ᄒᆞ니 石窟中에 一老婆ㅣ 有ᄒᆞ거
늘 其情曲을 訴ᄒᆞ고 寄寓홈을 因請ᄒᆞ디 老婆
가 哀憐히녀여 許ᄒᆞ거늘 女ㅣ 父母를 事홈으
로써 事ᄒᆞᆫ즉 老婆가 愛之ᄒᆞ야 其子로써 娶케
ᄒᆞᆷ이 夫婦가 協心ᄒᆞ야 勤儉致富ᄒᆞ얏ᄂᆞᆫ디 女

1其父母의生計가甚貧홈을聞ᄒᆞ고其家에

遂致ᄒᆞ야奉養이備至ᄒᆞ딕父母ㅣ猶不悅홈

으로孝女가歌를作ᄒᆞ야써自怨ᄒᆞ니其聲이

哀切ᄒᆞ지라高麗樂府에木州曲을傳ᄒᆞ야孝

道를勉勵ᄒᆞ니라

第三十五課　二犁

一農夫家에兩犁가有ᄒᆞ니其一은光明홈이

鏡과如ᄒᆞ고其一은暗晦ᄒᆞ야銹가生ᄒᆞ지라

傍人이問曰此兩犁가同一ᄒᆞᆫ田器로딕光明

暗晦의不同홈이何若是ᄒᆞ뇨答曰此ᄂᆞᆫ非他

라地를 鋤홈이 勤과 不勤홈에 在ᄒ다ᄒ니 此言을 鑑ᄒ면 可히 勤惰의 別를 知홀지라 凡人이 用力에 勤ᄒ즉 身體가 强ᄒ야 百病이 不生ᄒ며 用心에 勤ᄒ즉 智慮가 開ᄒ야 學問이 不成홈이 無ᄒᄂ 故로 懶惰ᄂ 德을 害홀ᄲᆫ 不是라 其身을 必害ᄒᄂ니 昔에 大禹ᄂ 聖人이로디 寸陰을 惜ᄒ얏슨즉 吾輩ᄂ 可히 勉치아니ᄒ리오

第三十六　木綿

我國의 古代에ᄂ 蠶桑을 尙ᄒ야 繭絲로 紬를

153

去核車

線經車

織ᄒ며 絹과 紵와 麻와 葛 等의 布로써 衣服의 用에 供ᄒ더니 高麗恭愍王時에 江城君文益漸이 蒙古에 奉使ᄒ야 罪로 雲南에 被謫ᄒ얏더니 其地ᄂ 木棉의 產出이 盛ᄒ지라 然ᄒ나 其種子를 他方으로 移殖홈을 禁홈으로 文公이 木棉種을 筆管에 密藏ᄒ얏다가 及本國에 歸홈이 其舅鄭天益에게 屬ᄒ야 培種캐ᄒ디 初에

六十八

154

는 培養의 術을 未曉ㅎ야 幾乎絕種홀 境遇에
至ㅎ얏더니 莖이 僅存ㅎ야 三年을 過호 後에
幸、蕃衍홈에 致홈으로 自是로 遂、全國에 普及
ㅎ야 衣被의 功이 甚大ㅎ니 今에 我國의 棉花
가 品質이 甚良ㅎ야 世界에 著稱ㅎ기를 美國
의 棉花와 比等ㅎ다ㅎ느지라 文公이 又、去核
車와 繅絲車를 刱ㅎ야 紡織에 供ㅎ고 其孫萊
가 繅絲車의 制를 益加擴張호 故로 俗이 繅車
를 名ㅎ야 文萊라 稱ㅎ나라

第三十七課 伽倻琴

伽倻琴은 一曰弁韓琴이니 至今 거지
我國에만 傳來 는 古琴이라 昔에 弁
韓의 大伽倻國王嘉悉이 唐의 樂器를
見 고 智를 創 야 琴을 造 고 樂師
于勒을 命 야 十二曲을 製 얏더니
後에 勒이 其國의 將亂 을 見 고 琴
을 携 야 新羅에 投 디 新羅眞興王
이 國原 州今忠에 安置 고 注知와 階古와
萬德等의 三人을 遣 야 其業을 傳케
 니 三人이 十一曲을 旣通 이 相謂

ㅎ야曰此音이繁且淫ㅎ니可히雅케ㅎ리라

ㅎ고約ㅎ야五曲을삼으니于勒이始聞ㅎ이

怒ㅎ더니及其音을聽ㅎ고流涕歎息ㅎ야曰

樂而不流ㅎ며哀而不淫ㅎ니可히正이라謂

홀지라ㅎ고王에게奏ㅎ얏다ㅎ니實로我國

의古物이라今忠州大門山에于勒의彈琴臺

가有ㅎ니라

第三十八課　野豬尋柿

凡人이理를從ㅎ즉安ㅎ고欲을縱ㅎ즉勞ㅎ

ㄴ니嘗見ㅎ니一野豬가有ㅎ야柿樹下에常

七十一

157

遊홀시 柿의墜落이 多홈을 見호고 目로 求食

호더니 一日은 寂然히 風이 無호야 柿子가 不

落호얏거늘 野豬가 地를 遍호야 尋覓호다가

其嘴로써 地를 標호야 大坑을 成호디 一柿子

를 不得훈지라 彼野豬는 柿가 地下로써 從호

야 出來홈으로 知호고 樹上에서 結成호야 風

을 因호야 墜落홈을 不知홈으로 徒勞無益홈

이니 吁라 世人이 僥倖의 望으로 終日에 狗苟

蠅營호야 其利祿을 求호는 者는 此野豬와 不

同훈者ㅣ幾希호도다

第三十九課 印書

古代에는 紙筆이 有치 못홈으로 書를 記ᄒᄂᆫ 者ㅣ 必、竹으로 簡을 編ᄒ야 或、刀로써 刻ᄒ며 或、書ᄒ야 誦讀에 供ᄒ더니 秦時에 蒙恬이 兎毫로 筆을 始造ᄒ고 東漢時에 蔡倫이 楮桑으로 紙를 創造ᄒ야 寫本의 册이 始有ᄒ나 然ᄒ나 印書ᄒᄂᆫ 法은 未有ᄒ고 但 石經의 刻만 有ᄒᆫ지라 五代時에 至ᄒ야 和凝이 木板을 雕刻ᄒ야 書를 印出ᄒ니 此는 印板의 始오 西曆 千四百三十六年에 德國人 구텐쎄그가 活字를

159

創造ᄒ고千四百六十八年에至ᄒ야其婿後

머리가鉛筆를改造ᄒ고其後美國에서印書

架를刱製ᄒ니卽活版의始라後에更以火輪

으로瞬息間에千萬部를印出ᄒ야神速ᄒ이

無比ᄒ고今에ᄶ石印으로印書ᄒ는法이有

ᄒ야其便利ᄒ이古時보담百倍나勝ᄒ니라

第四十課　篤業

國朝　世宗朝에任城正은宗室로써音律에

善ᄒ고鼓琴에能ᄒ더니其家ㅣ崇禮門外에

在ᄒ지라每日에早起ᄒ야門閾에踞坐ᄒ야

左右手를選擧ᄒ며仍又膝을抍ᄒ야如是ᄒ
지三年에人이以爲狂人이라ᄒ되猶不輟ᄒ
야畢竟杖鼓를能通ᄒ고旣而오又吹笛ᄒ을
學ᄒ시ᄆ口를傍ᄒ야指를弄ᄒ며晝夜로不輟
ᄒ야人이或來訪ᄒ면若不見ᄒ더니如是三
年에吹笛ᄒ을精通ᄒ고且爲人이羸弱ᄒ야
弓馬의武技에短ᄒ을恆常恨ᄒ야每早에弓
矢를攜ᄒ고山에上ᄒ야終日도록馳射를習
ᄒ지三年에弓馬의技를能通ᄒ야善射로써
世에鳴ᄒᄂ니人이業을學ᄒᄆ에如此히勤篤ᄒᆯ

161

진되何業이던지不通홈이有ᄒᆞ리오此ᄂᆞᆫ學生의宏師範ᄒᆞᆯ바ㅣ라ᄒᆞ노라

第四十一課　淸操

柳文簡公寬은本朝　太宗時人이라其家ㅣ素貧ᄒᆞ야所居가但,茅屋衡門에不過ᄒᆞ더니及,拜相에人이其門墻을勸築ᄒᆞ되寬曰今에我ㅣ爲相ᄒᆞ야公事에益홈은未有ᄒᆞ고私門을先築홈이不可ᄒᆞ다ᄒᆞ더라每,霖雨를値ᄒᆞ야屋漏如注ᄒᆞ거ᄂᆞᆯ寬이傘을持ᄒᆞ고雨를避ᄒᆞ다가嘆曰傘도無ᄒᆞᆫ家ᄂᆞᆫ堪過키難ᄒᆞ깃다

162

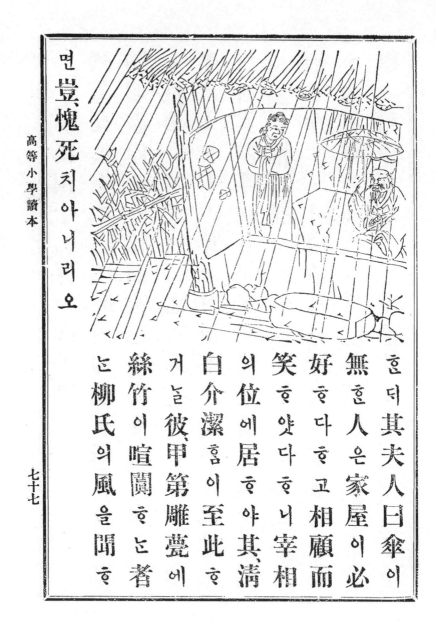

면 豊愧死치아니리오

는柳氏의風을聞호
絲竹이喧闐호는者
거늘彼甲第雕甍에
白介潔홈이至此호
의位에居호야其淸
笑호얏다호니宰相
好혼다호고相顧而
無혼人은家屋이必
혼디其夫人曰傘이

第四十二課　戒子書

諸葛亮은 支那三國時에 蜀漢의 丞相이 됨이

鞠躬盡瘁ᄒ야 死而後已ᄒᆯ 志를 抱ᄒ고 漢室

을 恢復코져 ᄒ다가 志를 未遂ᄒ고 軍中에셔

卒흠으로 千古英雄의 淚를 不禁케ᄒᄂ 其人

이라 其臨卒에 其子瞻에게 戒書를 遺ᄒ야曰

君子의 行은 靜으로써 身을 修ᄒ고 儉으로써

德을 養ᄒᄂ니 澹泊이아니면써 志를 明치못

ᄒ고 寧靜이아니면써 遠을 致치못ᄒ리니 夫、

學은 須靜이오 才ᄂ 須學이라 學이아니면써

164

才를廣치못ㅎ고靜이아니면써學을成치못

ㅎ것이니惰慢ㅎ즉研精ㅎ기不能ㅎ고險躁

ㅎ즉理性ㅎ기不能ㅎ지라年이時로더부리

馳ㅎ고意가歲로더부리去ㅎ야遂枯落ㅎ을

成ㅎ야窮廬에세悲歎ㅎ덜將復何及ㅎ리오

ㅎ니라

第四十三課　太陽黑點

人이太陽을欲觀ㅎ면其目이必不敵ㅎ으로

或遠鏡을用ㅎ야上窺ㅎ지라도噓黑ㅎ玻璃

로써罩ㅎ며或黑玻璃遠鏡을用ㅎ야日圈을

165

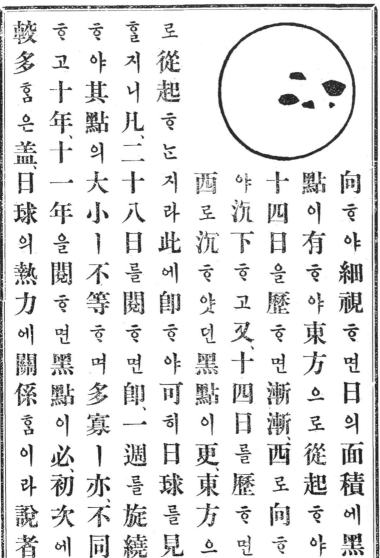

向ᄒᆞ야 細視ᄒᆞ면 日의 面積에 黑

點이 有ᄒᆞ야 東方으로 從起ᄒᆞ야

十四日을 歷ᄒᆞ면 漸漸西로 向ᄒᆞ

야 沉下ᄒᆞ고 又、十四日을 歷ᄒᆞ면

西로 沉ᄒᆞ얏던 黑點이 更東方으

로 從起ᄒᆞᄂᆞ지라 此에 卽ᄒᆞ야 可히 日球를 見

ᄒᆞ고 十年、十一年을 閱ᄒᆞ면 黑點이 必初次에

ᄒᆞ야 其點의 大小ㅣ不等ᄒᆞ며 多寡ㅣ亦不同

홀지니 凡、二十八日을 閱ᄒᆞ면 卽、一週를 旋繞

較多홈은 蓋、日球의 熱力에 關係홈이라 說者

一謂호딕日球의熱力이小호면雲과雨도亦
少호야收穫이因호야歉호고熱力이多호면
雲과雨도亦多호야收穫이因호야豊호다호
니人도熱力이少호者는事業을成흠이無호
느니라

第四十四課　空氣

夫空氣라호는것은兩質로合成호者ㅣ라一
日養氣니能養生호는者오一日淡氣니養生
에不能호者ㅣ라此氣ㅣ地面에包圍호야高
가約一百五十里許에至호느니愈高흘스록

167

其氣ㅣ愈薄ᄒᆞ며地面에愈近ᄒᆞᆯᄉᆞ록其氣ㅣ愈厚ᄒᆞ야本,無色의物로層積密布ᄒᆞ야靑蒼ᄒᆞᆫ色을現ᄒᆞ나是ᄂᆞᆫ實物이未有ᄒᆞ고卽,空氣니若,輕氣球를乘ᄒᆞ고極高處에至ᄒᆞ면何等色도不見ᄒᆞᆯ지라然ᄒᆞ나空氣ᄂᆞᆫ重量이有ᄒᆞ야我頭上直線의空氣柱가一平方寸에約重이十二斤餘가되ᄂᆞ니空氣의壓力이四面에

168

均ㅎ야 自上至下ㅎ며 自下至上히 其壓力
이 相抵ㅎ 故로 人이 不覺ㅎ을 魚가 水中에 在
흠과 如ㅎ지라 其理를 略言컨디 水一器를 置
ㅎ고 一管을 取ㅎ야 管의 一端을 水中에 揷ㅎ
고 彼端으로 吸ㅎ면 水가 上ㅎ리니 盖, 口로써
氣를 吸ㅎ즉 管內의 空氣가 去ㅎ야 逼壓의 力
이 無ㅎ고 水面의 空氣壓力은 如故ㅎ 故로 能,
水를 送ㅎ야 管에 入ㅎ야 口에 上升케ㅎ는 理
由니 此ㅣ 空氣壓力의 一端을 示흠이라

第四十五課 羅盤

169

羅盤이라ᄒᆞᄂᆞᆫ者ᄂᆞᆫ方向을
定ᄒᆞᄂᆞᆫ器라盤中에磁針이
有ᄒᆞ야旋動不定ᄒᆞ되其一
端은常南方을指ᄒᆞᄂᆞᆫ故로
名을指南針이라ᄒᆞᄂᆞ니支
那古代에軒轅氏가始發明
ᄒᆞ야指南車를作ᄒᆞ얏더니其後距今七百年
前에西洋葡萄牙國人이其法을得ᄒᆞ야航海
를開始ᄒᆞ야喜望角(在亞非利加地)에抵ᄒᆞ야印度洋에
達ᄒᆞᆷ을得ᄒᆞ얏고義大利國人컬넘버스가是

170

法으로 大西洋에 航行ᄒ야 美洲의 新地를 發
見ᄒ이 皆 羅盤의 功이라 若 指南針이아니면
茫茫大海中에 何處의 方向을 能知ᄒ리오 故
로 此法이 西洋에 未到ᄒᆫ時ᄂᆫ 西洋人이 但 近
處 海岸을 傍ᄒ야 行ᄒᆯᄲᅵ오 遠航ᄒᆷ을 不敢
ᄒ더니 此法을 得ᄒᆫ以後로ᄂᆫ 能 東洋을 通ᄒ
며 新世界를 發見ᄒ고 近世紀에 至ᄒ야ᄂᆫ 又
滊機의 航行에 此를 利用ᄒ야 重洋을 履ᄒᆷ이
平地와 如ᄒ고 萬里를 行ᄒᆷ이 咫尺과 如ᄒ니
故로 何事 何業을 勿論ᄒ고 其 指的ᄒᄂᆫ바를

171

方針이라云ᄒᆞ니卽羅盤이是라學生도其、

工夫에志ᄒᆞ는바를羅盤과如히方針을確定

ᄒᆞ야何等撓改ᄒᆞᆷ이無ᄒᆞ고常學에向ᄒᆞ는志

로써指南針을作ᄒᆞᆷ이可ᄒᆞᆯ지로다

高等小學讀本卷二終

光武十一年一月十五日印刷

光武十一年一月二十日發行

版權所有

高等小學讀本卷二

定價金廿五錢

漢城北署觀峴

編纂　徽文義塾編輯部

發行所　同　徽文義塾印刷部

印刷所　同　徽文義塾印刷部

173